Lern- und Übungsbuch zum deutschen Grundwortschatz

新求精德语词汇精解与练习

（初级）

俞秋似　编著

同济大学 出版社
TONGJI UNIVERSITY PRESS
·上海·

内 容 提 要

本书是为德语作为外语的学习者编写的词汇训练教程,针对具有初级水平的 A1、A2 阶段学习者,可与《新求精德语强化教程》(初级)或其他任何初级德语教程配套使用,适用于课堂教学和自学。

全书分为三个部分。第一部分是词汇精解与练习,包括 24 个主题,涵盖了德语初学者常接触的各个话题领域,还特别加入了中、德两国国情相关的词汇知识。每个主题首先对重要的词汇和短语进行梳理,并配上中文注释。一些关键词汇还附有"学习小贴士",以进一步解读其含义。每个主题均配有精心设计的词汇练习,有助于学习者牢固掌握并灵活运用相关主题的词汇。

第二部分是词义辨析,专注于解析初学者容易混淆的一些近义词,并提供相关练习。第三部分是构词法,详细解释在初级学习阶段可能遇到的一些常用构词法,同时搭配了相应的练习,以便学生巩固和复习。

图书在版编目(CIP)数据

新求精德语词汇精解与练习.初级 / 俞秋似编著
. --上海:同济大学出版社,2024.5
ISBN 978-7-5765-1098-0

Ⅰ.①新… Ⅱ.①俞… Ⅲ.①德语-词汇-自学参考
资料 Ⅳ.①H33

中国国家版本馆 CIP 数据核字(2024)第 058480 号

Lern- und Übungsbuch zum deutschen Grundwortschatz

新求精德语词汇精解与练习(初级)

俞秋似 编著

责任编辑 吴凤萍 **助理编辑** 杨黄石 **责任校对** 徐春莲 **封面设计** 潘向蓁

出版发行 同济大学出版社 www.tongjipress.com.cn
地址:上海市四平路 1239 号 邮编:200092 电话:021-65985622)
经 销 全国各地新华书店
排 版 南京月叶图文制作有限公司
印 刷 启东市人民印刷有限公司
开 本 889mm×1194mm 1/16
印 张 11.5
字 数 309 000
版 次 2024 年 5 月第 1 版
印 次 2024 年 5 月第 1 次印刷
书 号 ISBN 978-7-5765-1098-0

定 价 69.00 元

前　言

　　《新求精德语初级强化教程》自出版以来已成功推出了五版，在此期间还相继推出了与之配套的《新求精德语语法精解与练习》和《新求精德语强化听说初级教程》，然而在词汇的深度理解和实践训练方面一直存在空白。对德语学习者来说，词汇对于提升语言水平至关重要。因此在德语学习的初级阶段，拥有一份合适的词汇训练教程是非常有必要的。

　　目前市场上的一些词汇训练书籍多为国外原版引进，它们对于中国的德语初学者来说，往往未考虑到中德两国国情和文化的特殊性。本书不仅为德语初学者提供专门的词汇训练和解析，而且充分考虑了中德两国的国情文化差异，确保学习者在德语学习的初级阶段就能够熟练掌握德语词汇、深入了解德国文化，并懂得运用相关词汇介绍中国的国情和本土文化。

　　本书分为三个部分。第一部分是词汇精解与练习，包括 24 个主题，涵盖了德语初学者常接触的各个话题领域，还特别为中国的德语学习者精心加入了与中德两国国情相关的词汇知识。每个主题首先对重要的词汇和短语进行梳理，并配上中文注释。一些关键词汇还附有"学习小贴士"，以进一步解读其含义。此外，每个主题均配有精心设计的词汇练习，有助于学习者牢固掌握并灵活运用相关主题的词汇。

　　第二部分是词义辨析，专注于解析初学者容易混淆的一些近义词，并提供相关练习，以便复习巩固。

　　第三部分是构词法，详细解释在初级学习阶段可能遇到的一些常用构词法，同时搭配了相应的练习，以便学生巩固和复习。

　　本书可与《新求精德语强化教程》(初级)或其他任何初级德语教程配套使用，适用于课堂教学和自学，可让学生系统地进行词汇训练，同时有针对性地复习和巩固，弥补词汇学习中的薄弱环节。本书适用于 A1、A2 阶段的德语初学者。

目 录

Wortschatz zum Thema
主题词汇

1 Vorstellung und Begrüßung

Vorstellung 自我介绍

der Name，-n 名字

der Vorname，-n 名

der Familienname，-n 姓

der Herr，-en 先生

die Frau，-en 女士，夫人

heißen 叫，称呼

buchstabieren 拼写

nach dem Namen fragen 询问姓名

Wie heißen Sie? / Wie ist Ihr Name? 您叫什么名字?

Ich heiße . . . / Mein Name ist. . . 我叫…… / 我的名字是……

nach der Herkunft fragen 询问来自哪里

Woher kommen Sie? 您来自哪里?

Ich komme aus Shanghai. 我来自上海。

kommen 来

Ort 地点

wo 在哪里

woher 从哪儿来

wohin 到哪儿去

wohnen 住

fliegen 飞，乘飞机

Wo wohnen Sie? 您住哪儿?

Ich wohne in Beijing. 我住在北京。

Wohin fliegen Sie? 您坐飞机去哪儿?

Ich fliege nach Xi'an. 我飞去西安。

Land 国家

das Land，̈er 国家

Deutschland 德国

China 中国

Frankreich 法国

England 英国

Japan 日本

Korea 韩国

Sprache 语言

die Sprache，-n 语言

Deutsch 德语

Chinesisch 中文

Französisch 法语

Englisch 英语

Japanisch 日语

Koreanisch 韩语

Leute 人们

die Leute（Pl.）人，人们

der/die Deutsche，-n 德国人

der Chinese，-n / die Chinesin，-nen 中国人

der Franzose，-n / die Französin，-nen 法国人

der Engländer，- / die Engländerin，-nen 英国人

der Japaner，- / die Japanerin，-nen 日本人

der Koreaner，- / die Koreanerin，-nen 韩国人

Begrüßung 问候

Hallo! 嗨! 你好!

Guten Morgen! 早上好!

Guten Tag!（白天见面打招呼）您好!

Guten Abend! 晚上好!

Wie geht es Ihnen? 您好吗?

Zahlen 0–12 数字 0—12

0 null

1 eins

2 zwei

3 drei

4 vier

5 fünf

6 sechs

7 sieben

8 acht

9 neun

10 zehn

11 elf

12 zwölf

nach Telefonnummern fragen 询问电话号码

Wie ist Ihre Telefonnummer? 您的电话号码是多少？

Wie ist Ihre Handynummer? 您的手机号码是多少？

Meine Telefonnummer / Handynummer ist ...
我的电话号码/手机号码是……

nach Adressen fragen 询问地址

Wie ist Ihre Adresse? 您的地址是哪里？

nach dem Alter fragen 询问年龄

Wie alt sind Sie? 您几岁了？您多大？

Ich bin 19 (Jahre alt). 我 19 岁。

▶ **Übungen**

1. **Lesen Sie die folgenden Dialoge und vervollständigen Sie die Lücken mit den passenden Wörtern. Achten Sie bitte auf die korrekte Form.** 请阅读下列对话，选择合适的词并用其正确形式填空。

> heißt — vorstellen — geht — freut — buchstabieren — wie × 2 — woher — wo —
> hallo — Tag — Herr — auch — aus — Familienname — Name — angenehm

a) + Guten _____! Mein _____ ist Peter Müller.

    * Guten Tag, _____ Müller. Ich bin Li Dayong.

    + _____ bitte?

    * Ich heiße Li Dayong. Li ist mein _____.

    + Können Sie den Vornamen _____?

    * D-A-Y-O-N-G.

    + Ah ja, Dayong, _____ mich. _____ kommen Sie?

    * _____ China.

b) + Hallo! Ich heiße Lisa. Und wie _____ du?

    * _____, ich heiße Peter. Schön, dich kennenzulernen. _____ geht es dir?

    + Mir geht es gut, danke. _____ wohnst du?

    * Ich wohne hier in Berlin.

c) + Frau Meier, darf ich _____: Herr Schmidt.

    * Guten Tag, Herr Schmidt. Sehr _____.

    − Guten Tag, Frau Meier. Ebenfalls sehr angenehm. Wie _____ es Ihnen?

    * Mir geht es gut, danke. Und Ihnen?

    − _____ gut, danke.

2. Fragen und Antworten. Ordnen Sie bitte zu. 请将下列的提问与回答一一对应。

a）Woher kommen Sie? 1）021-65981130.

b）Wo wohnen Sie? 2）21.

c）Wie geht es Ihnen? 3）Li Dayong.

d）Wohin fliegen Sie? 4）Aus China，aus Shandong.

e）Wie heißen Sie? 5）Siping Lu 1239 Hao，200092 Shanghai.

f）Wie alt sind Sie? 6）In Shanghai.

g）Wie ist Ihre Adresse? 7）Danke，gut. Und Ihnen?

h）Wie ist Ihre Telefonnummer? 8）In die Schweiz.

3. Hier sind die Anworten. Stellen Sie bitte die Fragen mit *Was*，*Wo*，*Wie*，*Woher* **oder** *Wohin*. 请根据回答，用 *Was*、*Wo*、*Wie*、*Woher* 或 *Wohin* 来提问。

a）_____

Aus den USA.

b）_____

Ich heiße Anna Müller.

c）_____

In München.

d）_____

Nach Heidelberg.

e）_____

Ich bin 26 Jahre alt.

f）_____

Meine Handynummer ist ＋49 172 1234567.

g）_____

Im Koffer sind Bücher und Kleidung.

h）_____

Ottostraße 12，80639 München.

i）_____

Danke，gut.

4. Ergänzen Sie die Länder，die Bewohner oder die Sprachen. 请填入"国家""人"或"语言"。

a）Er kommt aus der _____. Er ist Schweizer und spricht Deutsch.

b）Sie kommt aus Deutschland. Sie ist _____ und spricht _____.

c）Ich komme aus _____. Ich bin Chinesin und spreche _____.

d）Ihr kommt aus _____. Ihr seid Österreicher und sprecht _____.

e）Er kommt aus den _____. Er ist Amerikaner und spricht Englisch.

f）Sie kommt aus Italien. Sie ist _____ und spricht _____.

g）Wir kommen aus _____. Wir sind _____ und sprechen Spanisch.

h) Du kommst aus _____. Du bist Französin und sprichst _____.

i) Er kommt aus Korea. Er ist _____ und spricht _____.

j) Sie kommt aus Großbritannien. Sie ist _____ und spricht _____.

k) Ihr kommt aus _____. Ihr seid Japaner und sprecht _____.

l) Sie（*Pl*.）kommen aus _____. Sie sind Russen und sprechen _____.

5. **Schreiben Sie alle Zahlen in Worten.** 请把相应的数字写成德语。

Beispiel： $3+4=\underline{7}$ *drei* plus *vier* ist *sieben*

a) $5 \times 2 =$ ____   _____ mal ____ ist _____

b) $8 \div 2 =$ ____   _____ durch ____ ist _____

c) $2+6 =$ ____   _____ plus ____ ist _____

d) $10-1 =$ ____   _____ minus ____ ist _____

e) $12 \div 6 =$ ____   _____ durch ____ ist _____

f) $3+9 =$ ____   _____ plus ____ ist _____

g) $4 \times 3 =$ ____   _____ mal ____ ist _____

h) $11-7 =$ ____   _____ minus ____ ist _____

i) $7+1 =$ ____   _____ plus ____ ist _____

j) $12-4 =$ ____   _____ minus ____ ist _____

k) $6 \div 3 =$ ____   _____ durch ____ ist _____

l) $3 \times 3 =$ ____   _____ mal ____ ist _____

2 Familie

Familie 家庭

die Familie, -n 家庭

der Mann, ⸚er 男人；丈夫

die Frau, -en 女人；妻子

der Vater, ⸚ 爸爸，父亲

die Mutter, ⸚ 妈妈，母亲

die Eltern (*Pl.*) 父母

der Sohn, ⸚e 儿子

die Tochter, ⸚ 女儿

das Kind, -er 孩子

der Bruder, ⸚ 兄弟

die Schwester, -n 姐妹

die Geschwister (*Pl.*) 兄弟姐妹

der Großvater, ⸚ 祖父，外祖父

der Opa, -s 爷爷，姥爷

die Großmutter, ⸚ 祖母，外祖母

die Oma, -s 奶奶，姥姥

die Großeltern (*Pl.*) 祖父母，外祖父母

der Onkel, - 叔叔，舅舅，伯父

die Tante, -n 阿姨，姑姑，伯母

der Cousin, -s 堂兄弟，表兄弟

die Cousine, -n 堂姐妹，表姐妹

der Neffe, -n 侄子，外甥

die Nichte, -n 侄女，外甥女

der Enkel, - 孙子，外孙

die Enkelin, -nen 孙女，外孙女

das Enkelkind, -er 孙子女，外孙子女

der Schwiegervater, ⸚ 岳父，公公

die Schwiegermutter, ⸚ 岳母，婆婆

der Schwiegersohn, ⸚e 女婿

die Schwiegertochter, ⸚ 儿媳

der/die Verwandte 亲戚，亲属

Beruf 职业

der Beruf, -e 职业

der Sekretär, -e / die Sekretärin, -nen 秘书

der Lehrer, - / die Lehrerin, -nen 教师

der Arzt, ⸚e / die Ärztin, -nen 医生

der Sänger, - / die Sängerin, -nen 歌手

der Physiker, - / die Physikerin, -nen 物理学家，物理学工作者

der Chemiker, - / die Chemikerin, -nen 化学家，化学工作者

der Arbeiter, - / die Arbeiterin, -nen 工人

der Verkäufer, - / die Verkäuferin, -nen 营业员

der Koch, ⸚e / die Köchin, -nen 厨师

der Schauspieler, - /die Schauspielerin, -nen 演员

der Informatiker, - / die Informatikerin, -nen 计算机工作人员，电脑工程师

der Programmierer, - / die Programmiererin, -nen 电脑编程员

der Ingenieur, -e / die Ingenieurin, -nen 工程师

der Rechtsanwalt, ⸚e / die Rechtsanwältin, -nen 律师

der Designer, - / die Designerin, -nen 设计师

der Professor, -en / die Professorin, -nen 教授

der Student, -en / die Studentin, -nen 大学生

der Rentner, - / die Rentnerin, -nen 退休人员

Studienfächer 大学专业

die Chemie 化学

die Musik 音乐艺术

die Medizin 医学	ledig 单身的
der Maschinenbau 机械工程,机械制造	verheiratet 已婚的
die Physik 物理学	geschieden 离异的
die Mathematik 数学	verwitwet 丧偶的
Jura 法学	unverheiratet 未婚的

nach dem Familienstand fragen 询问家庭婚姻状况

Wie ist Ihr Familienstand? 您的家庭婚姻状况是怎样的?

der Familienstand 婚姻状况

nach dem Beruf fragen 询问职业

Was sind Sie von Beruf? 您是从事什么职业的?

Ich bin ... (von Beruf). 我是……

Ich arbeite als ... 我的职业是……

▶ **Übungen**

1. **Lesen Sie den folgenden Text und vervollständigen Sie die Lücken mit den passenden Wörtern. Achten Sie bitte auf die korrekte Form.** 请阅读下列短文,选择合适的词并用其正确形式填空。

> Kind — Tante — Verwandte — Rentner — Tochter — verheiratet — besuchen — Ingenieur — arbeiten als — Onkel — Bruder — Großeltern — geschieden — tot — Geschwister — Jahre

  Mein Name ist Julia. Ich bin 40 J_____ alt und v_____. Mein Mann ist I_____. Wir haben zwei K_____, einen Sohn und eine T_____. Meine Eltern arbeiten nicht mehr. Sie sind R_____. Ich habe zwei G_____, einen B_____ und eine Schwester. Mein Bruder ist ledig und a_____ Lehrer in der Schule. Meine Schwester ist g_____ und hat keine Kinder. Leider habe ich keine G_____ mehr. Sie sind t_____. Wir sind eine große Famlie und haben auch viele V_____. Mein O_____ und meine T_____ leben in einer anderen Stadt，aber wir b_____ sie oft. Zusammen mit meiner Familie feiern wir gerne Geburtstage und Feste. Es ist immer schön，Zeit mit meinen Liebsten zu verbringen.

2. **Wer ist das? Ergänzen Sie.** 请填入对应的家庭成员名称。

  a) die Schwester von meinem Vater   → meine _____

  b) der Sohn von meiner Schwester   → mein _____

  c) die Mutter von meinem Vater   → meine _____

  d) die Eltern von meiner Mutter   → meine _____

  e) die Mutter von meinem Mann   → meine _____

  f) die Tochter von meinem Onkel   → meine _____

  g) der Bruder von meinem Vater   → mein _____

  h) der Mann von meiner Tochter   → mien _____

3. Berufe für Männer und Frauen. Ergänzen Sie. 请填入合适的职业名称，并注意词性。

a) der Polizist   →   die _____

b) der Friseur   →   die _____

c) der Lehrer   →   die _____

d) der _____   →   die Köchin

e) der Kellner   →   die _____

f) der _____   →   die Taxifahrerin

g) der Mechaniker   →   die _____

h) der _____   →   die Ärztin

i) der Bäcker   →   die _____

4. Vervollständigen Sie die Lücken mit den passenden Wörtern. Achten Sie bitte auf die korrekte Form. 选择合适的词并用其正确形式填空。

> Bruder — Kind — Informatik — sein — studieren — arbeiten als — ledig — alt — bei

a) Was sind Sie von Beruf?

     → Ich _____ Lehrerin.

b) Wo arbeiten Sie?

     → Ich arbeite als Ingenieur _____ Siemens.

c) Wo arbeiten Sie?

     → Ich _____ _____ Lehrerin an der Universität.

d) Sind Sie verheiratet?

     → Nein, ich bin _____.

e) Wie viele Geschwister haben Sie?

     → Ich habe drei Geschwister, zwei _____ und eine Schwester.

f) Was studieren Sie?

     → Ich studiere _____.

g) Haben Sie bereits einen Job?

     → Nein, ich _____ noch.

h) Haben Sie _____?

     → Ja, mein Sohn ist 15 und geht in die Schule.

i) Wie _____ ist Ihre Tochter?

     → Sie ist erst fünf Jahre alt und besucht den Kindergarten.

5. **Lesen Sie den folgenden Text und vervollständigen Sie die Lücken mit den passenden Wörtern. Achten Sie bitte auf die korrekte Form.** 请阅读下列短文，选择合适的词并用其正确形式填空。

> arbeiten — arbeiten als — werden — es gibt — gehen — Geld — Spaß — Studium — Chef — Gast — Kollege — Maschinenbau

Ich heiße Max und studiere M_____. Ich möchte Ingenieur w_____. Im Moment a_____ ich _____ Kellner im Restaurant und verdiene etwas G_____ für das Studium. An den Wochenenden und nach meinen Arbeitstagen im Studium gehe ich ins Restaurant und bediene die G_____. Es ist manchmal anstrengend，aber das Trinkgeld hilft mir, mein S_____ zu finanzieren. Meine K_____ und mein C_____ im Restaurant sind sehr nett，und wir haben viel S_____ zusammen.

In meiner Familie g_____ vier Personen. Mein Vater ist Arzt und meine Mutter ist Lehrerin. Sie unterstützen mich sehr in meinem Studium. Ich habe einen jüngeren Bruder. Er g_____ noch zur Schule. Wir verstehen uns gut. Meine Familie ist mir sehr wichtig.

Mein Ziel ist，nach meinem Studium in der Maschinenbauindustrie zu a_____. Meine Familie steht hinter mir und ich weiß，sie sind stolz auf mich.

3 Einkaufen

Lebensmittel 食品

die Lebensmittel（Pl.）食物,食品

der Kaffee 咖啡

der Tee 茶,茶叶

die Nudel, -n 面条

der Reis 稻米,大米

die Banane, -n 香蕉

der Apfel, ⸚ 苹果

die Tomate, -n 西红柿

der Salat, -e 生菜;色拉

die Orange, -n 橙子

die Milch 牛奶

die Butter 黄油

der Käse 奶酪

die Kartoffel, -n 土豆

die Schokolade 巧克力

das Eis 冰;冰激凌

das Bier 啤酒

das Wasser 水

der Schinken, - 腿肉,火腿

die Wurst, ⸚e 香肠

das Fleisch 肉

das Brot, -e 面包

das Brötchen, - 小面包

das Ei, -er 蛋,卵

die Marmelade, -n 果酱

Mengeneinheiten und Mengenangaben 计量
  单位/量词

die Flasche, -n 瓶

die Tasse, -n（有耳柄、常配有碟子的）(瓷)杯

die Dose, -n 罐子,罐头

das Glas, ⸚er 玻璃杯,玻璃容器

der Beutel, - 袋子

das Stück, -e 块,只

die Packung, -en 包,盒

die Tafel,-n（板）块(状商品)

der Becher, - 杯(多为平底无把的非玻璃品)

das Gramm 克

der Liter 升

das Kilo 公斤

das Pfund 磅(500 克)

Zahlen 13-19 数字 13—19

13 dreizehn

14 vierzehn

15 fünfzehn

16 sechzehn

17 siebzehn

18 achtzehn

19 neunzehn

Zahlen 20-90 数字 20—90

20 zwanzig

30 dreißig

40 vierzig

50 fünfzig

60 sechzig

70 siebzig

80 achtzig

90 neunzig

Zahlen 100-1 000 000 000 数字 100—
  1 000 000 000

100（ein)hundert

1000（ein)tausend

10 000 zehntausend	das Geldstück, -e 硬币
100 000 (ein)hunderttausend	die Münze, -n 硬币
1 000 000 eine Million (Mio.)	der Euro 欧元
10 000 000 zehn Millionen	der Cent 欧分
100 000 000 hundert Millionen	kosten 花费，值
1 000 000 000 eine Milliarde (Mrd.)	
1,5 Mio.　eins Komma fünf Millionen	**nach den Preisen fragen 询问价格**
4,9 Mrd.　vier Komma neun Milliarden	Wie viel kostet/kosten …? ……多少钱？
	Wie teuer ist/sind …? ……多少钱？
Geld und Preise 钱和价格	Wie viel kostet das Buch? 这本书多少钱？
der Geldschein, -e 纸币	Das Buch kostet 20 Euro. 这本书售价 20 欧元。

Redemittel beim Einkaufen 采购中的常用口语表达

Verkäufer/Verkäuferin：

+ Sie Wünschen? 您需要什么？

+ Sonst noch etwas? 还要别的吗？

+ Ist das alles? 就这些了吗？

+ Das macht zusammen… 总共……钱。

+ … Euro/Cent zurück. 找您……钱。

Kunde/Kundin：

− Ich hätte gern… 我想要……

− Ich möchte… 我想要……

− Ich nehme… 我要……

− Ja, ich brauche noch… 是的，我还需要……

− Nein, das ist alles. 不了，就这些。

− Danke, das war's. 谢谢，就这些了。

− Ja, das ist alles. 是的，就这些了。

− Nein, ich brauche noch… 不，我还需要……

− Hier bitte. 给您，请拿好。

− Danke. 谢谢。

 Lern-Tipp 学习小贴士

1. 当量词是中性或阳性名词，在与大于 1 的计量单位连用时一般只用它的单数形式；而当量词是阴性名词，在与大于 1 的计量单位连用时一定要用其复数形式，比如：drei Stück Kuchen, vier Glas Wein；zwei Packungen Eier, fünf Dosen Cola。

2. 数字 13 到 19 的两位数构成是在个位数基础上加词尾 zehn，比如：13 → dreizehn；但有些在构成中，个位数的基础形式有所变化，比如：16 → sechzehn（省去-s），17 → siebzehn（省去-en）。

3. 数字 20 到 99 的两位数中，整十位数的构成是在个位数基础上加词尾 zig，比如：50 → fünfzig；但有些在构成中，个位数的基础形式也会发生改变，比如：20 → zwanzig（个位数基本词形有所变化），60 → sechzig（省去-s），70 → siebzig（省去-en）。另外要尤其注意数字 30 → dreißig（加的词尾是-ßig）。

4. 数字 20 到 99 的两位数中，遇到非整十的数字时，先读个位，再读十位，当中用 und 连接，比如：56 → sechsundfünfzig，78 → achtundsiebzig。

5. 数字 100 到 999 的三位数中,整百数字的构成是在个位数基础上加词尾 hundert,比如:200 → zweihundert。

6. 遇到非整百的三位数,先读百位,然后两位数的读法参照上述注意事项的第 2、第 3 和第 4 条,比如:306 → drei<u>hundert</u>sechs,519 → fünf<u>hundert</u>neunzehn ,768 → sieben<u>hundert</u>achtundsechzig。

7. 数字 1000 到 999 999 中,要用到单位 tausend(千),先读千位,再读末尾的三位数,三位数的读法与上述第 5、第 6 条一致,比如:

   1023 → ein<u>tausend</u>dreiundzwanzig

   76 006 → sechsundsiebzig<u>tausend</u>sechs

   123 456 → einhundertdreiundzwanzig<u>tausend</u>vierhundertsechsundfünfzig

8. 数字 1 000 000 到 999 999 999 中,要用到单位 Million(die Million, -en 百万),先读百万位,再读千位,最后读末尾的三位数,比如:

   1 200 001 → eine <u>Million</u>, zweihunderttausendeins

   24 000 321 → vierundzwanzig <u>Millionen</u>, dreihunderteinundzwanzig

9. 数字 1 000 000 000 到 999 999 999 999 中,要用到单位 Milliarde(die Milliarde, -n 十亿),先读十亿位,再读百万位,然后读千位,最后读末尾的三位数,比如:

   1 200 001 030 → eine <u>Milliarde</u>, zweihundert Millionen, eintausenddreißig

   4 500 000 123 → vier <u>Milliarden</u>, fünf Millionen, einhundertdreiundzwanzig

10. 德语中价格的读法是先读"元",再读"分",当中用 Euro 连接,比如:

    12,99 € → zwölf Euro neunundneunzig(Cent)

    88,01 € → achtundachtzig Euro eins / achtundachtzig Euro ein Cent

▶ Übungen

1. **Ordnen Sie die Wörter den entsprechenden Kategorien zu und ergänzen Sie den bestimmten Artikel.**
   请将下列食品按要求归类,并填入相应的定冠词。

   > Kaffee — Tee — Tomaten (*Pl.*) — Salat — Schinken — Wurst — Brot — Eis — Butter — Käse — Wasser — Fleisch — Kartoffeln (*Pl.*) — Bier — Marmelade — Nudeln (*Pl.*)

   a) kalte Getränke: _____

   b) warme Getränke: _____

   c) kaltes Essen: _____
   _____

   d) warmes Essen: _____
   _____

2. Ergänzen Sie auf der Einkaufsliste die Wörter in der richtigen Form. 请选择合适的词并用其正确形式填入购物单。

| Stück — Packung — Gramm — Kilo — Tafel — Glas — Flasche — Becher — Dose — Reis — Apfel — Salat — Nudel — Kartoffel — Brötchen — Ei — Saft — Tomate |

1. fünf Fl _____ Milch
2. drei Sala ____
3. ein Kilo __ pf __
4. zwei Gl ____ Marmelade
5. zwei Packung ____ Ei ____
6. ein Beutel Kart _____
7. 100 Gr _____ Käse
8. drei St _____ Erdbeerenkuchen
9. sechs Be _____ Joghurt
10. drei Ki ____ Tom ____
11. drei Do ____ Thunfisch
12. fünf Taf _____ Schokolade
13. eine Packung Nud ____
14. eine Packung R ____
15. zwei Flaschen Sa ____
16. zehn Brö _____

3. Schreiben Sie die Zahlen in Worten. 请把下列数字写成德语。

a) $13 \times 2 = \underline{26}$ *dreizehn* mal *zwei* ist *sechsundzwanzig*

b) $84 \div 2 = $ ____   _____ durch _____ ist _____

c) $76 + 16 = $ ____   _____ plus _____ ist _____

d) $39 - 11 = $ ____   _____ minus _____ ist _____

e) $66 \div 6 = $ ____   _____ durch _____ ist _____

f) $18 + 9 = $ ____   _____ plus _____ ist _____

g) $50 \times 3 = $ ____   _____ mal _____ ist _____

h) $86 - 7 = $ ____   _____ minus _____ ist _____

i) 204 _____

j) 1956 _____

k) 200 433 _____

l) 5 000 210 _____

m) 13 000 007 _____

n) 43 005 _____

o) 5001 _____

4. Schreiben Sie die Preise in Worten. 请将下列价格写成德语。

a) 4,30 € _____

b) 0,99 € _____

c) 1,56 € _____

d) 15,49 € _____

e) 0,37 € _____

f) 157,80 € _____

g) 2,05 € _____

h) 10,01 € _____

i) 1 € _____

j) 6,99 € _____

5. Ordnen Sie bitte zu. 请将下列问句与答句一一对应，并填入相匹配的序号。

a) Wo finde ich das Brot? ____

b) Wie viel kostet ein Kilo Äpfel? ____

c) Brauchen Sie sonst noch etwas? ____

d) Guten Tag. Sie wünschen? ____

e) Was haben Sie heute im Angebot? ____

f) Das macht 66 Euro 70 Cent. ____

g) Und 3 Euro 30 Cent zurück. ____

h) Ist das alles? ____

1) Ich hätte gern 200 Gramm Schinken.

2) Nein, das ist alles.

3) Nein, ich brauche noch frische Eier.

4) Die Äpfel kosten 1,99 € pro Kilo.

5) Hier, bitte.

6) Danke.

7) Da im Regal rechts.

8) Die Bananen sind im Angebot und kosten nur 2,40 € das Kilo.

6. Ergänzen Sie die Lücken im Dialog mit den passenden Wörtern. Achten Sie bitte auf die korrekte Form. 请选择合适的词并用其正确形式将对话补充完整。

> Äpfel — Bananen — Obst — Tag — Dank — Wiedersehen — wünschen — kosten — machen — Kilo — pro — hier — zurück — schön — das war's — sonst noch — lecker — nehmen

Auf dem Markt

+ Guten _____! Sie _____?

– Guten Tag! Ich möchte gerne _____ kaufen. Was haben Sie heute?

+ Wir haben Äpfel, Bananen, Orangen und Trauben. Alles frisch und _____.

– Ich hätte gern _____ und _____. Wie viel _____ die Äpfel?

+ Die Äpfel kosten 2 Euro pro _____.

– Und die Bananen?

+ Die Bananen kosten 1,50 Euro _____ Kilo.

– Ich _____ ein Kilo Äpfel und ein halbes Kilo Bananen, bitte.

+ _____ sind Ihre Äpfel und Bananen. Möchten Sie _____ etwas?

– Nein, _____.

+ Das _____ zusammen 2,75 Euro, bitte.

– Hier bitte 3 Euro.

+ Vielen _____. Hier 25 Cent _____.

– Danke _____. Auf _____!

+ Auf Wiedersehen! Haben Sie einen schönen Tag!

7. **Ergänzen Sie die Lücken im Dialog mit den passenden Wörtern. Achten Sie bitte auf die korrekte Form.** 请选择合适的词并用其正确形式将对话补充完整。

> PIN（Persönliche Identifikationsnummer）— Kassenzettel — auch — klar — Tüte — Karte — Tasche — bezahlen

Im Supermarkt

+ Hallo, ich möchte diese Sachen _____.

– Hallo, das sind 12,50 Euro bitte.

+ Kann ich mit _____ zahlen?

– Ja, natürlich. Bitte stecken Sie Ihre Karte in das Gerät und geben Sie Ihre _____ ein.

+ So, fertig.

– Vielen Dank. Hier ist Ihr _____. Brauchen Sie eine _____?

+ Nein, danke. Ich habe meine eigene _____ dabei.

– Alles _____. Schönen Tag!

+ Danke, Ihnen _____.

4 Termine

Uhrzeiten 钟点

offiziell 官方的；正式的
inoffiziell 非官方的；非正式的
halb 一半的
nach *Präp*.（D.）在……之后
vor *Präp*.（D.）在……之前
das Viertel, - 一刻；四分之一
um *Präp*.（A.）在……时（刻）

nach den Uhrzeiten fragen 询问钟点

+ Wie viel Uhr ist es? 几点了？
+ Wie spät ist es? 几点了？
− Es ist ... 现在是……点。

nach den Uhrzeitangaben fragen 询问钟点时间状语

+ Um wie viel Uhr ...? 在几点钟……？
+ Wann...? 什么时候……？
+ Von wann bis wann ...? 从什么时候到什么时候……？
+ Bis wann ...? 到什么时候……？
− Um ... 在……点。
− Von ... bis ... 从……到……
− Bis ... 到……
− Punkt ... ……点整。
− Kurz vor ... ……差几分钟。
− Kurz nach ... ……过几分钟。
− Gegen ... ……左右。

Tageszeiten 一天中的时间段

der Morgen, - 早上
der Vormittag, -e 上午
der Mittag, -e 中午

der Nachmittag, -e 下午
der Abend, -e 晚上
die Nacht, ̈e 夜里
am Morgen 在早上
am Vormittag 在上午
am Mittag 在中午
am Nachmittag 在下午
am Abend 在晚上
in der Nacht 在夜里
morgens *Adv*. 每天早上
vormittags *Adv*. 每天上午
mittags *Adv*. 每天中午
nachmittags *Adv*. 每天下午
abends *Adv*. 每天晚上
nachts *Adv*. 每天夜里

Wochentage 一周中的某一天

der Montag 星期一
der Dienstag 星期二
der Mittwoch 星期三
der Donnerstag 星期四
der Freitag 星期五
der Samstag 星期六
der Sonntag 星期天
am Montag 在星期一
am Dienstag 在星期二
am Mittwoch 在星期三
am Donnerstag 在星期四
am Freitag 在星期五
am Samstag 在星期六
am Sonntag 在星期天
montags *Adv*. 每周一
dienstags *Adv*. 每周二

mittwochs *Adv.* 每周三

donnerstags *Adv.* 每周四

freitags *Adv.* 每周五

samstags *Adv.* 每周六

sonntags *Adv.* 每周日

Redemittel zum Termingespräch 约时间/日期的常用口语表达

+ Ich möchte einen Termin machen/
vereinbaren. 我想约个时间。

+ Ich muss den Termin absagen. 我必须取消这个约会。

+ Ich muss den Termin verschieben. 我必须推迟这个约会。

+ Geht es ein bisschen früher/später? 早/晚一点行吗?

    – Ja, das geht. 是的,这个时间可以。

+ Geht es am Freitag um 9.30 Uhr? 周五九点半行吗?

    – Nein, tut mir leid. Das geht nicht. 不,很遗憾,这个时间不行。

+ Haben Sie noch einen Termin frei? 您还有空余的时间吗?

    – Wir haben noch einen Termin frei. 我们还有一个空余的时间。

    – Da haben wir keine Termine frei. 我们没有空余的时间了。

 ### *Lern-Tipp* 学习小贴士

1. 询问钟点用"Wie viel Uhr ist es?"或者"Wie spät ist es?",回答钟点用"Es ist..."。

2. 回答钟点分为官方正式表达法和非官方表达法。官方正式的钟点表达是先读时针再读分针,当中用 Uhr 连接,比如:14.25 → Es ist vierzehn Uhr fünfundzwanzig。

3. 非官方表达法要分情况讨论:

   ① 整点:Es ist zwei.(两点。) / Es ist neun.(九点。)

   ② 半点:Es ist halb zwei.(一点半。)/ Es ist halb neun.(八点半。)

   ③ 一刻:Es ist Viertel nach zwei.(两点一刻。)/ Es ist Viertel nach neun.(九点一刻。)

   ④ 三刻:Es ist Viertel vor zwei.(一点三刻。)/ Es ist Viertel vor neun.(八点三刻。)

   ⑤ 分针落在 0 至 20 分之间:Es ist zehn nach zwei.(两点十分。)/ Es ist neunzehn nach neun.（九点十九分。）

   ⑥ 分针落在 20 至 30 分之间:Es ist fünf vor halb zwei.(一点二十五分。)/ Es ist eins vor halb neun.(八点二十九。)

   ⑦ 分针落在 30 至 40 分之间:Es ist fünf nach halb zwei.(一点三十五分。)/ Es ist eins nach halb neun.(八点三十一分。)

   ⑧ 分针落在 40 至 60 分之间:Es ist zehn vor zwei.(一点五十分。)/ Es ist neunzehn vor neun.(八点四十一分。)

4. 在使用非官方钟点表达方式时,时针数只能用 12 以内的数字,不用 Uhr 一词,比如:14.15 → Es ist Viertel nach zwei. / 21.10 → Es ist zehn nach neun.

5. 对钟点时间状语提问用"Um wie viel Uhr...?"或者"Wann...?",回答提问时要用时间性介词 um,比如:Um halb zwei.(在一点半。)/ Um Viertel vor neun.(在八点三刻。)

6. 在使用 Punkt .../kurz vor .../kurz nach .../gegen ...这些词时,不用再加上时间性介词 um,比如:

① Punkt acht beginnt der Unterricht.（八点整开始上课。）

② Kurz vor acht kommen die Studenten.（八点差几分钟时学生们来到课堂。）

③ Kurz nach acht kommt der Lehrer.（八点过几分钟时老师来到课堂。）

④ Gegen halb zwölf ist der Unterricht zu Ende.（十一点半左右课程结束。）

▶ **Übungen**

1. **Schreiben Sie die Uhrzeiten im formellen und informellen Format.** 请将下列时间钟点写成官方的和非官方的表达形式。

	formell	informell
a) 8.30 →	*Es ist acht Uhr dreißig.*	*Es ist halb neun.*
b) 9.45 →	_____	_____
c) 10.20 →	_____	_____
d) 11.00 →	_____	_____
e) 13.25 →	_____	_____
f) 15.31 →	_____	_____
g) 18.50 →	_____	_____
h) 21.59 →	_____	_____
i) 22.00 →	_____	_____
j) 23.01 →	_____	_____

2. **Schreiben Sie die Uhrzeitangaben im formellen Format.** 请将钟点时间状语写成官方的表达形式。

a) Die Post öffnet um _____ . (9.00)

b) Von _____ bis _____ machen die Studenten Pause. (9.40 – 10.00)

c) Der Film beginnt um _____ . (19.30)

d) + Wann fährt der Zug nach Rostock?
   − Der Zug nach Rostock fährt um _____ . (11.57)

e) + Bis wann dauert der Unterricht?
   − Der Unterricht dauert bis _____ . (11.40)

3. **Schreiben Sie die Uhrzeitangaben im informellen Format.** 请将钟点时间状语写成非官方表达形式。

a) Julia steht am Morgen um _____ auf. (6.30)

b) Um _____ frühstückt sie zu Hause. (7.00)

c) Um _____ fährt sie mit dem Fahrrad zur Schule.（7.30）

d) Der Unterricht beginnt um _____.（8.00）

e) Um _____ macht Julia eine kurze Pause.（10.00）

f) Um _____ geht der Unterricht weiter.（10.15）

g) Um _____ isst Julia in der Mensa zu Mittag.（12.30）

h) Am Nachmittag dauert der Unterricht von _____ bis _____.（13.30 – 15.00）

i) Danach nimmt Julia um _____ an einer AG teil.（15.30）

j) Um _____ macht sie ihre Hausaufgaben.（17.00）

k) Um _____ trifft sich Julia mit Freunden zum Lernen in der Bibliothek.（18.00）

l) Am Abend kommt sie um _____ zurück nach Hause und isst zu Abend.（19.30）

m) Um _____ sieht Julia fern.（20.00）

n) Um _____ bereitet sie sich auf den nächsten Tag vor.（21.30）

o) Um _____ geht Julia ins Bett und schläft ein.（22.00）

4. Ordnen Sie bitte zu. Welche Abkürzung passt zu welchem Wochentag? 请将以下各缩写形式与各星期全称一一对应，填入相匹配的序号。

a) Montag _____   1）Fr.

b) Dienstag _____   2）So.

c) Mittwoch _____   3）Di.

d) Donnerstag _____   4）Mi.

e) Freitag _____   5）Mo.

f) Samstag _____   6）Do.

g) Sonntag _____   7）Sa.

5. Bilden Sie bitte Sätze. Achten Sie bei den Verben auf die korrekte Form. 请根据下列短语以及时间状语来造句，并注意动词形式。

Terminkalender von Anne：

Mo.	Di.	Mi.	Do.	Fr.	Sa.	So.
10.00 zu Professor Müller gehen	15.00 schwimmen gehen	13.30 in die Bibliothek gehen	18.00 Tennis spielen	20.15 ins Kino gehen mit Alex	17.50 mit Freunden sich treffen	lange schlafen

1. *Am Montag geht Anne um 10 Uhr zu Professor Müller.* _____

2. _____

3. _____

4. _____

5. _____

6. _____

7. _____

6. Termingespräche — Ergänzen Sie die Dialoge. 请选择合适的词，并用其正确形式将下列对话补充完整。

Dialog 1　einen Arzttermin vereinbaren
（A：Peter；B：die Praxis）

> Dank — passen — helfen — Wiederhören — früher — spät — vereinbaren — um — am — Zahnschmerzen

A：Guten Tag. Mein Name ist Peter Schmidt. Ich möchte gerne einen Termin beim Arzt _____.

B：Guten Tag，Herr Schmidt! Natürlich，wie kann ich Ihnen _____?

A：Ich habe seit einige Tagen _____ und möchte gerne einen Termin mit dem Zahnarzt machen.

B：Verstehe. Wir haben einen freien Termin _____ Donnerstag _____ 16 Uhr. Passt Ihnen das?

A：Hmm，das ist etwas zu _____. Geht es vielleicht ein bisschen _____?

B：Tatsächlich haben wir auch um 14 Uhr einen freien Termin. Würde Ihnen das besser _____?

A：Ja，das ist super! Dann nehme ich den Termin um 14 Uhr. Vielen _____.

B：Sehr gerne，Herr Schmidt. Der Termin um 14 Uhr ist für Sie notiert. Wir sehen uns am Donnerstag. Gute Besserung! Auf _____.

A：Auf Wiederhören.

Dialog 2　einen Friseurtermin vereinbaren，absagen und verschieben
（A：Lisa Müller；B：der Friseursalon）

> Information — frei — sprechen — absagen — gehen — verschieben — hier — auf — möglich — überhaupt

A：Guten Tag，hier _____ Lisa Müller. Ich möchte gerne einen Termin beim Friseur vereinbaren.

B：Hallo，Lisa! Natürlich，wie kann ich Ihnen behilflich sein?

A：Ich brauche einen Haarschnitt und eine Haarwäsche. Wann haben Sie einen freien Termin?

B：Wir haben morgen um 14 Uhr noch einen Termin _____.

A：OK，morgen um 14 Uhr passt mir gut.

B：Perfekt! Wir notieren Sie für den Termin um 14 Uhr. Vielen Dank.

（Am nächsten Tag ruft Lisa erneut an，um den Termin abzusagen und zu verschieben.）

A：Guten Tag，_____ ist Lisa Müller. Ich habe heute einen Termin um 14 Uhr，aber leider muss ich ihn _____.

B：Hallo，Lisa! Schade，dass Sie den Termin absagen müssen. Wollen Sie den Termin _____ Dienstag um 14 Uhr _____?

A：Dienstag geht es _____ nicht. _____ es am Donnerstag um 14 Uhr?

B：Ja，das ist _____. Wir haben am Donnerstag um 14 Uhr noch einen freien Termin. Ich trage Sie um 14 Uhr ein. Vielen Dank für die _____!

Dialog 3　einen persönlichen Termin zwischen zwei Freunden vereinbaren

> treffen — sein — gehen — haben — Termin — Spaziergang — super — bisschen

A：Hallo，hier _____ Lisa. _____ du nächste Woche Zeit für ein Treffen?

B：Hey，Lisa! Klar，ich habe etwas Zeit. Was schlägst du vor?

A：Wir können uns zum Mittagessen treffen und dann einen _____ im Park machen.

B：Das klingt _____! Welcher Tag würde dir am besten passen?

A：Wie wäre es mit Mittwoch?

B：Am Mittwoch habe ich einen _____ am Nachmittag, aber ich kann vormittags Zeit haben. _____ es dir ein _____ früher?

A：Ja，das passt. Dann _____ wir uns um 11 Uhr vormittags im Café.

B：Perfekt! Ich notiere mir das. Freue mich schon darauf，dich wiederzusehen!

A：Ich mich auch! Bis Mittwoch dann!

5 Auf der Post

die Post 邮局；邮件，信件

auf der Post 在邮局

das Postamt，¨er 邮局

auf dem Postamt 在邮局

der Brief，-e 信，书信

das Paket，-e 包裹

das Päckchen，- 小包裹

die Briefmarke，-n 邮票

die Postkarte，-n 明信片

das Briefpapier 信纸

der Briefumschlag，¨e 信封

der Briefträger，- 邮递员

der Postbote，-n 邮递员

der Briefkasten，¨ 邮筒，邮箱

schicken 寄，送走

einwerfen 把……(信等)投入(邮筒)

dauern 持续

wiegen 重量为……

per Präp.（A.）以……方式

(per) Luftpost 以空运的方式，空运

(per) Landweg 以陆运方式，陆运

(per) Seeweg 以海运方式，海运

(per) Luft 空运

(per) Bahn 陆运

(per) Schiff 海运

der Schalter，-（邮局、银行等的）营业窗口

am Schalter 在营业窗口

der Empfänger，- 收件人

der Absender，- 寄件人

die Adresse，-n 地址

die Straße，-n 街道

die Hausnummer，-n 门牌号

die Postleitzahl，-en（PLZ）邮政编码

vorgestern Adv. 前天

gestern Adv. 昨天

heute Adv. 今天

morgen Adv. 明天

übermorgen Adv. 后天

Redemittel auf der Post
邮局里的常用口语表达

Wie lange dauert ein Paket nach …?

寄往……的包裹多久能到？

Wie viel kostet ein Paket nach …?

寄往……的包裹要付多少钱？

Das Paket wiegt …

这个包裹重量为……

▶ Übungen

1. **Ergänzen Sie die Lücken mit den passenden Wörtern.** 请选择合适的词，将下列空格补充完整。

> abholen — abgeben — ausfüllen — schicken — Briefträger — Briefmarke —
> Briefumschlag — zu × 2 — an — Land

a) Der _____ bringt die Post.

b) Ich möchte meiner Oma diese Postkarte _____.

c) Die Adresse von dem Empfänger steht auf dem _____.

d) Das Paket kommt aus einem anderen _____.

e) Wir müssen eine _____ für den Brief kaufen.

f) Unsere Post ist schon da. Wir _____ die Post am Nachmittag _____.

g) Ich schicke das Paket _____ meine Freundin.

h) Das Paket können Sie hier _____.

i) Für ein Päckchen nach China müssen Sie noch ein Formular _____.

j) + Guten Tag. Ich hätte gerne drei Briefmarken _____ 60 Cent und zwei _____ 1 Euro.

   * Das macht zusammen 3,80 Euro.

2. Ordnen Sie bitte zu. 请将下列名词与图中标注的内容一一匹配，并填入相应的位置。

> die Hausnummer — die Postleitzahl（PLZ）— der Empfänger — der Absender — die Stadt — die Briefmarke — die Straße

Lisa Meier
Petrusweg 29
74622 Goldeshausen

Bernd Schmidt
Ringelstraße 33
12345 Berlin

1 _____
2 _____
3 _____
5 _____
7 _____
4 _____
6 _____

3. Lesen Sie die folgende E-Mail und füllen Sie die Lücken mit den passenden Wörtern. 请阅读以下邮件，并选择合适的词填空。

> Adresse — Post — Postbote — Postamt — Postkarte — Paket — Briefmarke

Hallo Maria，

ich hoffe，es geht dir gut. Ich habe dir eine _____ aus dem Urlaub geschickt. Ich habe sie im _____ gekauft und eine schöne _____ darauf geklebt. Hoffentlich kommt sie bald bei dir an.

Die _____ habe ich dir auch mitgeschickt. Sie enthält ein kleines Geschenk von mir. Pass gut auf sie auf！

Gestern war ein _____ bei uns und hat ein _____ für Papa abgegeben. Es war von Tante

Anna，und Papa hat sich sehr gefreut.

Vergiss nicht，mir deine neue _____ mitzuteilen. Ich möchte dir gerne einen Brief schreiben.

Viele Grüße und bis bald，
Julia

4. Auf der Post - Ergänzen Sie die Dialoge. 请选择合适的词,并用其正确形式将下列对话补充完整。

Dialog 1　einen Brief verschicken

（A：der Kunde；B：der Postangestellte）

> Briefmarke — Standardbrief — Briefkasten — Fragen — helfen — kosten — einwerfen — nett

A：Guten Tag!

B：Guten Tag! Wie kann ich Ihnen _____？

A：Ich möchte gerne diesen Brief abschicken.

B：Sicher，kein Problem. Haben Sie schon eine _____？

A：Nein，noch nicht. Wie viel _____ eine Briefmarke für diesen Brief？

B：Für einen _____ innerhalb Deutschlands kostet die Briefmarke 80 Cent.

A：Gut，dann nehme ich eine Briefmarke für 80 Cent.

B：Hier ist Ihre Briefmarke.

A：Danke. Kann ich den Brief direkt hier _____？

B：Ja，der _____ steht gleich dort drüben.

A：Perfekt! Vielen Dank.

B：Gern geschehen. Wenn Sie noch weitere _____ haben，stehe ich Ihnen gerne zur Verfügung.

A：Das ist _____ von Ihnen. Auf Wiedersehen!

B：Auf Wiedersehen! Ich wünsche Ihnen einen schönen Tag!

Dialog 2　ein Paket verschicken

（A：der Kunde；B：der Postangestellte）

> Verfügung — Rest — Option — Waage — Lieferzeit — funktionieren — schicken — per

A：Guten Tag!

B：Guten Tag! Wie kann ich Ihnen helfen？

A：Ich möchte gerne ein Paket nach China _____. Wie _____ das？

B：Das ist kein Problem. Für ein 2-Kilogramm-Paket nach China beträgt der Versandpreis 18 Euro，und die _____ im Standardversand beträgt 10 bis 15 Werktage. Es gibt auch die Optionen，Versand per Luft，der schneller，aber teurer ist，oder Versand _____

Schiff，der länger dauert，aber günstiger ist. Welche _____ möchten Sie wählen?

A：Ich nehme den Standardversand.

B：Verstanden. Bitte füllen Sie dieses Formular aus und legen Sie das Paket auf die _____.
Bringen Sie das Paket zu unserem Ausgabeschalter dort drüben，und wir kümmern uns um
den _____.

A：Vielen Dank!

B：Gern geschehen! Wenn Sie noch Fragen haben，stehe ich Ihnen gerne zur _____.

A：Das ist aber nett von Ihnen. Auf Wiedersehen!

B：Auf Wiedersehen! Ich wünsche Ihnen einen schönen Tag und eine reibungslose Lieferung.

5. **Füllen Sie die Lücken mit den passenden Wörtern aus：vorgestern，gestern，heute，morgen oder übermorgen.** 请根据下列日程表选择合适的词填空：vorgestern、gestern、heute、morgen 或 übermorgen。

Terminkalender von Julia

Mo.	Di.	Mi.	Do.	Fr.
vorgestern	gestern	heute	morgen	übermorgen
ins Kino gehen	frei haben	Geburtstag haben	mit Freunden schwimmen gehen	ins Konzert gehen

a) _____ hat Julia Geburtstag und sie möchte eine tolle Party machen.

b) Julia war _____ im Kino. Der Film war lustig.

c) _____ geht Julia mit ihren Freunden ins Schwimmbad.

d) _____ war Dienstag und Julia hatte frei.

e) Julia möchte ins Konzert gehen. Aber das Konzert ist nicht heute，sondern _____.

6   Die Einladung

die Einladung, -en 邀请

einladen 邀请

eine Einladung aussprechen 发出邀请

+   Ich möchte Sie zu ... einladen. 我想要邀请您……。

+   Möchtest du zu meiner Geburtstagsparty kommen? 你想来我的生日派对吗?

+   Wollen wir zusammen ins Kino gehen? 我们一块儿去看电影吧?

auf eine Einladung reagieren 对邀请作出回应

−   Ja, sehr gerne. 是的,非常乐意。

−   Ja, ich komme gerne! 是的,我很乐意来。

−   Vielen Dank für die Einladung. 谢谢邀请。

−   Dank für die Einladung, aber ich kann leider nicht kommen. 多谢邀请,但很遗憾我没法来。

−   Ich würde sehr gerne gehen. Aber ich bin gerade beschäftigt. Können wir es nächste Woche machen? 我很愿意去,但目前这段时间我很忙。我们能下星期去吗?

Redewendungen im Alltag 日常生活中的一些惯用语

Viel Erfolg! 祝成功!

Viel Glück! 祝好运!

Viel Spaß! 祝愉快!

Herzlichen Glückwunsch zum Geburtstag! 生日快乐!

Ich gratuliere! 祝贺你! 恭喜你!

Gute Besserung! 祝早日康复!

Gesundheit! (当对方打喷嚏时说)祝你健康!

Entschuldigung! 对不起!

Guten Appetit! 祝胃口好!

Freizeitaktivitäten 休闲活动,业余活动

Fußball spielen 踢足球

Fahrrad fahren 骑自行车

tanzen 跳舞

spazieren gehen 去散步

schwimmen gehen 去游泳

ins Konzert gehen 去听音乐会

ins Kino gehen 去电影院

in den Zoo gehen 去动物园

ins Theater gehen 去剧院

in die Kneipe gehen 去酒吧

ins Museum gehen 去博物馆

Deutsch lernen 学德语

Freunde treffen 跟朋友碰头

laufen 跑步, lesen 阅读

▶ **Übungen**

1. **Ergänzen Sie die Dialoge. Achten Sie bitte auf die korrekte Form.** 请选择合适的词，并用其正确形式将下列对话补充完整。

   Dialog 1 Eine Einladung ins Theater

   > Sonntagabend — Samstagabend — andere Pläne — leid — wann — wollen — gerne —
   > bis — okay — treffen

   A：Hallo, wie geht es dir in letzter Zeit?

   B：Mir geht es gut，danke. Und dir?

   A：Auch gut，danke. Weißt du，es gibt gerade ein interessantes Theaterstück. _____
     wir gemeinsam ins Theater gehen?

   B：Ja，_____. _____ gehen wir?

   A：Wie wäre es am _____?

   B：Es tut mir _____，am Samstagabend habe ich _____ und kann nicht gehen.
     Können wir am _____ gehen?

   A：Kein Problem，bis Sonntagabend. Das Theaterstück beginnt um 19.00 Uhr. Wir können
     uns um 18.30 Uhr vor dem Theater treffen，ist das _____?

   B：Gut，vor dem Theater _____ wir uns!

   A：In Ordnung. Und danach können wir noch etwas zusammen trinken. Ich freue mich schon
     darauf.

   B：Ich auch，_____ dann!

   Dialog 2 Eine Einladung zum Essen

   > einladen — mitbringen — gehen — vorhaben — Ihnen — zum — nett — freundlich —
   > notwendig — Einladung

   A：Guten Tag，Frau Schmidt! Wie _____ es Ihnen heute?

   B：Guten Tag，mir geht es gut，danke. Und _____?

   A：Mir geht es auch gut，danke. Sagen Sie，_____ Sie am Samstagabend etwas _____?

   B：Am Samstagabend? Nein，da haben wir noch nichts geplant. Warum?

   A：Nun，wir möchten Sie und Ihren Mann zu uns zum Essen _____.

   B：Oh，wie nett! Wir kommen gerne _____ Abendessen. Um wie viel Uhr sollen wir
     bei Ihnen sein?

   A：Um 19.00 Uhr wäre perfekt. Dann können wir gemeinsam essen.

   B：19.00 Uhr ist gut. Vielen Dank für die _____. Was können wir _____?

   A：Das ist _____ von Ihnen，aber es ist nicht _____. Wir haben alles
     vorbereitet. Einfach nur Ihre Anwesenheit ist uns wichtig.

   B：Das ist sehr _____. Dann freuen wir uns schon auf Samstag und auf das Abendessen bei Ihnen.

A: Wir freue uns auch. Bis Samstag!

B: Bis Samstag. Auf Wiedersehen!

A: Auf Wiedersehen!

2. Ordnen Sie bitte die folgenden Sätze zu. 请将下列句子按顺序排列并填入 E-Mail, 使之成为一封完整的邀请函和两条回复。

vielen Dank für die Einladung zu deiner Party. (×2) — Kannst du etwas zu trinken mitbringen? — Viel Spaß! — Es freut mich sehr und ich komme gerne. — Die Party fängt um 20.00 Uhr an. — Leider kann ich nicht zur Party kommen, — Ich bringe Getränke mit. — ich mache am Freitagabend eine Party, — Ich wünsche euch einen wunderschönen Abend. — Bis bald! — Ich freue mich auf dich. — und möchte dich herzlich einladen. — denn ich habe an diesem Tag schon etwas anderes vor. — Ich hoffe, wir sehen uns bald mal wieder.

E-Mail 1: Die Einladung

Lieber Markus,

_____

_____

Viele Grüße

Deine Anne

E-Mail 2: Zusage auf die Einladung

Liebe Anne,

_____

_____

Viele Grüße

Dein Markus

E-Mail 3: Absage auf die Einladung

Liebe Anne,

_____

_____

_____

Liebe Grüße

Dein Markus

3. Ordnen Sie bitte die richtigen Redewendungen den passenden Situationen zu. Jede Redewendung kann nur einmal verwendet werden. 下列场景与哪个日常惯用语相匹配？请选择并填入。每条惯用语只能选用一次。

> Gute Besserung! — Gesundheit! — Guten Appetit! — Viel Erfolg! — Viel Spaß! — Viel Glück! — Entschuldigung! — Ich gratuliere! — Herzlichen Glückwunsch zum Geburtstag!

a) Dein Freund hat morgen eine wichtige Prüfung. Du möchtest ihm vorher viel Erfolg wünschen.

_____

b) Eine Kollegin wird am Wochenende einen Ausflug in den Freizeitpark machen.

_____

c) Dein bester Freund hat Geburtstag. Du möchtest ihm herzlich gratulieren.

_____

d) Du bist auf einer Hochzeitsfeier und möchte dem verheirateten Paar deine Glückwünsche aussprechen.

_____

e) Dein Kollege ist krank und liegt zu Hause im Bett. Du möchtest ihm wünschen：

_____

f) Jemand niest mehrmals hintereinander. Du möchtest sagen：

_____

g) Du bist in einem vollen Bus und trittst versehentlich jemandem auf den Fuß.

_____

h) Du sitzt mit einer Gruppe von Freunden beim Essen. Bevor ihr anfangt zu essen, möchtest du allen wünschen：

_____

i) Deine Schwester wird morgen an einem Vorstellungsgespräch für ihren Traumjob teilnehmen.

_____

4. Ergänzen Sie die Dialoge. 请选择合适的词，并用其正确形式将下列对话补充完整。

> Fußball — Fahrrad — Spaziergang — Museum — Galerie — Theater — Kino — Konzert — Zoo — Kneipe — lesen — laufen — treffen — schwimmen — einkaufen — tanzen — Deutsch

A：Was machst du am Wochenende?

B：Am Samstag spiele ich mit ein paar Freunden F*ußball*. Am Abend gehe ich dann t_____. Und du? Was machst du?

A：Tanzen ist toll! Ich fahre am Samstagmorgen mit dem F_____ durch den Park.

Samstagvormittags k_____ ich normalerweise _____, um einige Dinge für mein Zuhause zu besorgen.

B: Shopping ist immer eine gute Idee! Am Sonntag mache ich dann immer einen langen S_____ am See. Danach gehe ich manchmal mit ein paar Freunden ins K_____ und sehen einen Film.

A: Das klingt nach einer entspannten Zeit. Ich gehe sonntags oft s_____. Dann gehe ich vielleicht ins K_____. Die Musik ist großartig!

B: Das hört sich nach einem tollen Erlebnis an! Aber das ist noch nicht alles. Am Sonntagnachmittag gehe ich mit meiner Familie in den Z_____.

A: Ein Zoobesuch ist immer eine schöne Idee, besonders bei gutem Wetter. Am Sonntagabend gehe ich ins T_____. Da gibt es ein gutes Stück.

B: Wie schön! Am Sonntagabend gehe ich mit meiner Familie noch in eine gemütliche K_____ und trinken zusammen etwas. Übrigens, ich lerne in meiner Freizeit D_____, um meine Sprachkenntnisse zu verbessern.

A: Das ist eine gute Idee! Ich l_____ gern in meiner Freizeit.

B: Lesen ist eine wunderbare Freizeitbeschäftigung. Wollen wir nächstes Wochenende etwas zusammen unternehmen?

A: Ja, das klingt super! Lass uns l_____ gehen und danach ins M_____ oder eine G_____ gehen.

B: Das hört sich nach einem tollen Plan an! Wir können auch ein paar Freunde t_____ und gemeinsam etwas unternehmen.

A: Genau, das machen wir. Ich freue mich schon darauf!

7 Essen und Trinken

das Restaurant，-s 餐馆,饭店
im Restaurant 在餐馆
die Speisekarte，-n 菜单
bestellen 点(餐)，预定
bezahlen 付钱,支付……的款

die Vorspeise，-n 前菜,开胃菜
die Hauptspeise，-n 主菜
die Nachspeise，-n 餐后甜点
das Gericht，-e 菜

Bestellen 点餐

－ Die Karte, bitte. 请给我菜单。
－ Ich möchte bitte bestellen. 我想点菜。
＋ Sie wünschen? 您需要点什么？
＋ Was möchten Sie bitte? 您想要点什么？
－ Ich möchte/nehme einen Rinderbraten. 我想要一份烤牛肉。
＋ Was darf ich Ihnen bringen? 我可以给您带点什么？
－ Eine Zwiebelsuppe，bitte. (请给我)一碗洋葱汤。
＋ Haben Sie schon bestellt? 您已经点菜了吗？
－ Nein, noch nicht. 不,还没有。
＋ Möchten Sie eine Nachspeise? 您想要甜品吗？
－ Ja, gerne. Ich möchte ... 是的,很乐意。我想要……
－ Nein, danke. 不,谢谢。
－ Vielleicht später. 也许稍后吧。
＋ Mit oder ohne Sahne? 要加奶油吗？
－ Ja, bitte mit Sahne. 是的,请加奶油。
－ Nein, danke. Ohne Sahne, bitte. 不,谢谢。不要奶油。

Bezahlen 结账

－ Zahlen, bitte. 买单,拜托。
－ Die Rechnung, bitte. 请给我买单。
－ Ich möchte bitte bezahlen. 我想付款。
－ Können wir bitte bezahlen? 我们可以结账吗？
＋ Zusammen oder getrennt? 一起还是分开付？
＋ Das macht ... Euro. 一共是……欧元。
－ Zusammen. / Getrennt. 一起付。/分开付。
－ Hier bitte. Stimmt so. 给您,拿好。不用找了。

Einen Platz suchen 找座位

+ Ist der Platz noch frei? 这个位置还空着吗？

       − Nein, tut mir leid. Der Platz ist besetzt. 不好意思，这个位置已经有人了。

+ Ist hier noch frei? 这里还有空位吗？

       − Aber sicher. Nehmen Sie doch Platz. / Sie können sich hierhin setzen. 当然，您请坐。/您可以坐这里。

Reklamieren 投诉

+ Verzeihen Sie, ... ist nicht frisch / ist zu kalt. 对不起，……不新鲜/……太冷了。

       − Oh, das tut mir leid. Ich bringe Ihnen ... 哦，很抱歉。我给您拿……

▶ Übung

Füllen Sie die Lücken in den folgenden Dialogen mit den passenden Wörtern. Achten Sie bitte auf die korrekte Form. 请选择合适的词，并用其正确形式将下列对话补充完整。

Situation 1　Einen Platz suchen

Dialog 1

> Speisekarte — sicher — voll — setzen — leid — lecker — Appetit — Problem — frei — besetzt

(A：Kunde 1；B：Kunde 2；C：Kunde 3)

A：Entschuldigung，ist der Platz noch frei?

B：Oh，tut mir _____. Nein，der Platz ist _____.

A：Verstanden，danke.

(Kunde 1 geht zu einem anderen freien Tisch und fragt den anderen Kunden am Tisch.)

A：Entschuldigung，ist dieser Platz noch _____?

C：Ja，_____. Sie können sich gerne hierhin _____.

A：Vielen Dank!

C：Kein _____. Es ist schön，wenn man teilt.

A：Ja，es ist ziemlich _____ hier. Das Restaurant ist heute sehr beliebt.

C：Das Essen hier ist wirklich _____.

A：Das klingt gut. Ich werde sehen，was auf der _____ steht.

C：Guten _____!

A：Danke，Ihnen auch.

Dialog 2

> bestellen — folgen — brauchen — hier — nett — für — sicher — zurück — Zeit — Platz

（A：Kunde；B：Kellner）

A：Guten Abend! Entschuldigung, haben Sie noch einen freien Tisch _____ zwei Personen?

B：Guten Abend! Ja, natürlich. Bitte _____ Sie mir.

（Der Kunde und der Kellner gehen zu einem freien Tisch. ）

B：Hier haben wir einen freien Tisch für Sie.

A：Vielen Dank!

B：Nehmen Sie bitte _____. Kann ich Ihnen die Speisekarte bringen?

A：Ja, gerne. Danke!

（Der Kellner bringt die Speisekarte. ）

B：_____ ist die Speisekarte. Was möchten Sie bitte?

A：Wir sind noch nicht ganz _____, was wir _____ möchten, und _____ noch ein paar Minuten.

B：Natürlich, nehmen Sie sich die _____. Ich komme später _____.

A：Danke, das ist _____.

Situation 2   Auswählen

> frisch — probieren — Trinken — Gerichte — teilen — nehmen — Leichtes — genauso

（A：Kunde 1；B：Kunde 2）

A：Die Speisekarte bietet viele leckere _____ an. Ich weiß nicht, was ich wählen soll.

B：Ja, das geht mir _____. Es gibt so viele Optionen.

A：Ich möchte etwas _____. Vielleicht den Salat?

B：Gute Idee. Der Salat hier ist _____ und lecker.

A：Dann _____ ich den Salat. Aber die Pasta sieht auch gut aus.

B：Ja, Pasta ist immer gut. Wollen wir sie _____? Dann können wir beide _____.

A：Ja, das ist eine gute Idee. Ich wähle die Pasta mit Tomatensoße.

B：Ich nehme die Pasta mit Pesto. So können wir beides ausprobieren.

A：Und was möchtest du noch zum _____?

B：Eine Limonade, vielleicht. Und du?

A：Ich nehme ein Glas Weißwein.

Situation 3　Bestellen

Bestellung — Stück — mit — sonst — genießen — wünschen — nehmen — verstanden

（A: Kellner; B: Kunde）

A: Guten Tag! Herzlich willkommen in unserem Café. Sie _____?

B: Guten Tag! Ich möchte ein Sandwich und einen Kaffee, bitte.

A: Sicher! Möchten Sie das Sandwich mit Hühnchen oder vegetarisch?

B: Ich _____ das Hühnchen-Sandwich, bitte.

A: _____. Möchten Sie den Kaffee schwarz oder _____ Milch und Zucker?

B: Mit Milch und ein bisschen Zucker, bitte.

A: Gut, ein Hühnchen-Sandwich und einen Kaffee mit Milch und ein bisschen Zucker. Darf es _____ noch etwas sein?

B: Ja, könnte ich bitte noch ein _____ Schokoladenkuchen bekommen?

A: Natürlich! Einen Moment, ich bringe Ihre _____ sofort.

B: Danke!

（Der Kellner bringt die Bestellung. ）

A: Hier ist Ihr Hühnchen-Sandwich, der Kaffee und das Stück Schokoladenkuchen. _____ Sie Ihr Essen!

B: Vielen Dank!

Situation 4　Bezahlen

machen — bezahlen — stimmen — bar — freundlich — hier — zusammen — Rechnung

（A: Kunde; B: Kellner）

A: Wir möchten gerne _____.

B: Selbstverständlich. _____ oder getrennt?

A: Zusammen, bitte.

B: Gut. Hier ist die _____. Bezahlen Sie _____ oder mit Karte?

A: Bar, bitte.

B: In Ordnung. Das _____ zusammen 27,50 Euro, bitte.

A: _____ sind 30 Euro. _____ so.

B: Oh, vielen Dank! Das ist sehr _____ von Ihnen.

A: Es war eine tolle Erfahrung hier. Auf Wiedersehen!

B: Auf Wiedersehen! Haben Sie einen wunderbaren Abend!

Situation 5　Reklamieren

> Verfügung — Ordnung — Hilfe — bringen — wünschen — tun — verzeihen — roh —
> nett

（A：Kunde；B：Kellner）

A：_____ Sie bitte, aber mein Essen ist nicht richtig. Das Fleisch ist noch _____.

B：Oh, das _____ mir leid. Ich werde das klären und Ihnen ein neues Gericht _____.

A：Das wäre _____, danke.

（Der Kellner bringt das neue Gericht zum Kunden.）

B：Hier ist Ihr neues Gericht. Ich hoffe, es ist jetzt in _____.

A：Vielen Dank. Das sieht gut aus.

B：Gern geschehen. Wenn sonst noch etwas sein sollte, stehe ich Ihnen zur _____.

A：Alles klar, danke für Ihre _____.

B：Bitte, kein Problem. Ich _____ Ihnen einen angenehmen Rest des Abends.

A：Danke, gleichfalls.

8 Lebenslauf

der Lebenslauf, ⸚e 简历
das Geburtsdatum, ...ten 出生日期
der Geburtsort, -e 出生地点
der Familienstand 婚姻状况
die Schulausbildung 学校教育
die Berufsausbildung 职业培训
das Studium 大学学业
berufliche Tätigkeit 职业经历
die Grundschule, -n 小学
die Mittelschule, -n 中学

Ordinalzahlen 序数词

der/das/die erste (1.)
          zweite (2.)
          dritte (3.)
          vierte (4.)
          fünfte (5.)
          sechste (6.)
          siebte (7.)
          achte (8.)
          neunte (9.)
          zehnte (10.)
          elfte (11.)
          zwölfte (12.)
          ...
          neunzehnte (19.)
der/das/die zwanzigste (20.)
          ...
          neunzigste (90.)
          hundertste (100.)
der/das/die tausendste (1000.)

millionste (1 000 000.)
milliardste (1 000 000 000.)
der/das/die einundzwanzigste (21.)
          neunundneunzigste (99.)
          hunderterste (101.)
          zweihundertelfte (211.)
          dreihundertdritte (303.)
          achthundertachtzehnte (818.)
          tausenderste (1001.)
          tausenddritte (1003.)

Monate 月份

der Januar/Jan. 一月
der Februar/Feb. 二月
der März 三月
der April/Apr. 四月
der Mai 五月
der Juni/Jun. 六月
der Juli/Jul. 七月
der August/Aug. 八月
der September/Sept. 九月
der Oktober/Okt. 十月
der November/Nov. 十一月
der Dezember/Dez. 十二月

Jahreszeiten 季节

der Frühling, -e 春天
der Sommer, - 夏天
der Herbst, -e 秋天
der Winter, - 冬天

Jahreszahlen 年份

1856 achtzehnhundertsechsundfünfzig
1985 neunzehnhundertfünfundachtzig
1999 neunzehnhundertneunundneunzig
2000 zweitausend
2001 zweitausendeins
2008 zweitausendacht
2010 zweitausendzehn
2020 zweitausendzwanzig
2025 zweitausendfünfundzwanzig

Studienfächer 学科

die Agrarwissenschaft 农学

die Medizin 医学
der Maschinenbau 机械制造
das Bauingenieurwesen 土木工程
die Biologie 生物学
die Geographie 地理学
die Architektur 建筑学
die Elektrotechnik 电气工程学
die Informatik 信息学, 计算机科学
die Wirtschaftswissenschaft, -en 经济学
die Psychologie 心理学
die Soziologie 社会学
die Politikwissenschaft 政治学
die Rechtswissenschaft 法学

nach dem Datum fragen 询问日期

+ Der Wievielte ist heute? 今天是几月几日？

− Heute ist der 9. August / neunte achte (09.08). 今天是八月九日。

nach der Datumsangabe fragen 询问日期时间状语

+ Am Wievielten feiern Sie den Geburtstag? 您在几月几日庆祝生日？

− Am 9. August / neunten achten (09.08) feiere ich den Geburtstag. 我在八月九日庆祝生日。

nach dem Geburtsdatum fragen 询问出生日期

+ Wann sind Sie geboren? 您是什么时候出生的？

− Ich bin（im Jahr）2002 geboren. 我是2002年出生的。

 Lern-Tipp 学习小贴士

1. 序数词与基数词不同，序数词前要有定冠词 der/die/das 或者物主代词。

2. 序数词 1 到 19 是在其基数词基础上加上词尾-t。比如：der/das/die zweite，der/das/die fünfzehnte。

3. 从 20 开始的整十、整百或整千位序数词是在其基数词基础上加上词尾-st。整百万和整十亿位序数词也同样是在其基数词基础上加词尾-st。比如：der/das/die zwanzigste，der/das/die hundertste，der/das/die tausendste，der/das/die millionste，der/das/die milliardste。

4. 序数词词尾有变格要求，其变化规则与形容词作定语时的词尾变化规则相同。上述提到的序数词

中都有词尾-e，该词尾就是序数词在第一格定冠词情况下的变格词尾。比如：der/das/die sechzehn<u>te</u>,der/das/die achtzigs<u>te</u>,der/das/die hunderters<u>te</u>,这里看到的词尾-e 正是根据形容词词尾变化规则加上的变格词尾。

5. 序数词写成阿拉伯数字时后面要加点标注，比如：der 30. Hochzeitstag meiner Eltern。

6. 在表达"在几月几日"时需要用介词 am，比如：am 9. August。

7. 在表达"在几月"时需要用介词 im，比如：im Juli。

8. 在表达"在哪一年"时可以不加任何介词或者加上 im Jahr，比如：2023 或者 im Jahr 2023。

9. 对日期询问用 *Der Wievielte* ...?，比如：＋Der Wievielte ist heute? －Heute ist der 9. August / der neunte achte（09.08）。

10. 对日期时间状语提问用 *Am Wievielten* ...?，比如：＋Am Wievielten haben Sie Geburtstag? －Am 9. Augutst / neunten achten（09.08）habe ich Geburtstag。

▶ **Übungen**

1. *Der Wievielte* oder *Am Wievielten*...? **Bilden Sie bitte zu den unterstrichenen Satzteilen die Fragen.** 用 *Der Wievielte* 还是 *Am Wievielten*...? 请针对画线部分提问。

a) Das Konzert findet <u>am 1. September</u> statt.

_____

b) Mein Hochzeitstag ist <u>der 20. Juli</u>.

_____

c) <u>Am 5. Oktober</u> hat Sarah Geburtstag.

_____

d) Das Festival beginnt <u>am 6. Juni</u>.

_____

e) <u>Der 25. Dezember</u> ist Weihnachten.

_____

f) Die Konferenz endet <u>am 5. August</u>.

_____

g) Heute ist <u>der 10. November</u>.

_____

h) Sie feiern ihren Jahrestag <u>am 10. September</u>.

_____

2. Lesen Sie die tabellarischen Lebensläufe und füllen Sie die Lücken in den anschließenden Texten mit passenden Wörtern aus. Achten Sie bitte auf die korrekte Form. 请阅读下列简历表格，选择合适的词并用其正确形式将后文信息补充完整。

Lebenslauf 1

Persönliche Daten

Name	Max Müller
Geburtsdatum	10. Mai 1990
Geburtsort	Berlin
Familienstand	verheiratet，2 Kinder

Schulausbildung

2001 – 2009	Gymnasium
2009	Abitur

Berufsausbildung/Studium

2010 – 2014	Studium der Betriebswirtschaftslehre an der Universität ABC
2014	Abschluss：Bachelor in BWL

Berufliche Tätigkeit

2015 – 2022	Marketing Manager bei XYZ Solutions

---

arbeiten — dauern — abschließen — besuchen — Kinder — geboren — sein — verheiratet — haben — mit — als — beginnen

a) Max Müller _____ am 10. Mai 1990 in Berlin _____.

b) Von 2001 bis 2009 hat er das Gymnasium _____.

c) 2010 hat er an der Universität ABC ein Studium im Fach Betriebswirtschaftslehre _____.

d) Das Studium hat vier Jahre lang _____.

e) 2014 _____ er sein Studium _____ dem Bachelor-Abschluss in Betriebswirtschaftslehre _____.

f) Von 2015 bis 2022 hat er _____ Marketing Manager bei XYZ Solutions _____.

g) Er ist _____ und hat zwei _____.

Lebenslauf 2

Persönliche Daten

Name	Anna Schmidt
Geburtsdatum	9. März 1995
Geburtsort	Freiburg
Familienstand	ledig

Schulausbildung

2001 – 2009	Grundschule in Freiburg

（续表）

2010 - 2014	Gesamtschule in Freiburg
Berufsausbildung	
2015 - 2018	Ausbildung zur Einzelhandelskauffrau
Berufliche Tätigkeit	
2018 - 2020	Kellnerin im Café „Sonnenschein" in Freiburg
2021	Praktikum bei einer Werbeagentur

Praktikum — anschließend — von — im Jahr — ledig — geboren — besuchen — als — absovieren — bis

---

a) Anna wurde am 9. März 1995 in Freiburg _____.

b) Von 2001 bis 2009 hat sie die Grundschule in Freiburg _____.

c) _____ hat sie von 2010 bis 2014 die Gesamtschule besucht.

d) Von 2015 bis 2018 hat sie eine Ausbildung zur Einzelhandelskauffrau _____.

e) _____ 2018 _____ 2020 hat sie _____ Kellnerin im Café „Sonnenschein" in Freiburg gearbeitet.

f) _____ 2021 hat sie ein _____ bei einer Werbeagentur gemacht.

g) Sie ist _____.

Lebenslauf 3

Persönliche Daten

Name	Alex Weber
Geburtsdatum	22. Juli 1998
Geburtsort	München
Familienstand	ledig
Ausbildung	
2005 - 2013	Grundschule in München
2014 - 2019	Gymnasium in München
2021 - 2022	Weiterbildung im Bereich IT
Berufliche Tätigkeit	
2019 - 2021	Aushilfe im Supermarkt „SparExpress"
2022	Praktikum in einer IT-Firma

---

teilnehmen — arbeiten — geboren — ledig — machen — das Gymnasium — zwei Jahre — die Grundschule

---

a) Alex Weber ist am 22. Juli 1998 in München _____.

b) Er hat von 2005 bis 2013 _____ in München besucht.

c）Von 2014 bis 2019 hat er ＿＿＿＿＿＿ in München besucht.

d）Nach dem Gymnasiumabschluss hat er ＿＿＿＿＿＿ lang als Aushilfe im Supermarkt „SparExpress" ＿＿＿＿＿＿.

e）Von 2021 bis 2022 hat er an einer Weiterbildung im Bereich IT ＿＿＿＿＿＿.

f）Danach hat er ein Praktikum bei einer IT-Firma ＿＿＿＿＿＿.

g）Alex ist ＿＿＿＿＿＿.

3. **Lesen Sie die kurzen Beschreibungen der Studienfächer. Ordnen Sie jedem Studienfach die richtige Beschreibung zu.** 请阅读下列对学科的相关描述，并将其与所描述的学科一一对应，填入相应的数字。

a）Biologie ＿＿＿

b）Informatik ＿＿＿

c）Geschichte ＿＿＿

d）Psychologie ＿＿＿

e）Literaturwissenschaft ＿＿＿

f）Physik ＿＿＿

g）Medizin ＿＿＿

h）Politikwissenschaft ＿＿＿

i）Soziologie ＿＿＿

j）Wirtschaftswissenschaften ＿＿＿

1. Die Diagnose, Behandlung und Prävention von Krankheiten und Verletzungen

2. Die Erforschung von Computern, Software und Programmierung

3. Die Untersuchung von Gesellschaft, sozialen Beziehungen und Institutionen

4. Die Untersuchung von vergangenen Ereignissen und ihrer Bedeutung für die Menschheit

5. Die Analyse menschlichen Verhaltens und Denkens

6. Die Analyse von Ressourcenallokation, Produktion und Handel in der Gesellschaft

7. Die Erforschung von Tieren, Pflanzen und anderen Lebewesen

8. Die kritische Betrachtung von literarischen Werken und ihrer Bedeutung für die Kultur

9. Die Untersuchung von Materie, Energie und den grundlegenden Kräften Universums

10. Die Analyse politischer Systeme, Regierungen und politischer Aktivitäten

9 Kleidung

Kleidungsstücke 服装单品

der Anzug, ⸚e（多在正式场合穿着的由上下装组成的）整套西服

der/das Sakko, -s（非整套的单件）西服上衣

der Mantel, ⸚ 外套，大衣

der Pullover, -（der Pulli, -s）套头衫，毛衣

die Bluse, -n 女衬衫

das Hemd, -en 男衬衫

das T-Shirt, -s T 恤衫

das Polo-Shirt, -s POLO 衫

die Jacke, -n 夹克衫，短上衣

die Hose, -n 裤子

die Jeans, - 牛仔裤

der Rock, ⸚e 裙子

das Kleid, -er 连衣裙

der Gürtel, - 腰带

die Socke, -n 短袜

der Strumpf, ⸚e 长筒袜

der Schal, -s/-e 围巾

der Hut, ⸚e（带一圈帽檐的）帽子

das Sweatshirt, -s 运动衫，卫衣

der Stiefel, - 靴子

Farben 颜色

rot 红色

gelb 黄色

blau 蓝色

grün 绿色

braun 棕色的

schwarz 黑色的

weiß 白色的

grau 灰色的

violett 紫罗兰色的

lila 淡紫色的

rosa 粉色的

orange 橙色的

bunt 彩色的

hell 亮的，浅色的

dunkel 暗的，深色的

Muster 图案,花纹

gestreift 有条纹的

kariert 有格子的

gepunktet 有圆点的

geblümt 带花朵图案的

gemustert 有图案的,有花纹的

Über Kleidung sprechen 谈论服装

+ Wie gefällt Ihnen/dir das Hemd? 您（你）觉得这件衬衫怎么样？

+ Passt mir der Rock? 这条裙子我穿大小合适吗？

– Das gefällt mir. / Das gefällt mir nicht. 我喜欢这件。/ 我不喜欢这件。

– Ja, der Rock passt dir. / Nein, der Rock ist dir zu groß. 是的,这条裙子你穿大小合适。/ 不,这条裙子对你来说太大了。

+ Wie steht mir das Kleid? 这件连衣裙我穿风格款式合适吗？	− Es steht dir gut，aber es passt dir nicht. Es ist zu lang. 这件连衣裙你穿风格款式合适,但是大小不合适,太长了。
+ Passt mir die grüne Bluse? 这件绿色衬衫我穿大小合适吗？	− Ja，sie passt dir. Aber sie passt nicht zu dem roten Rock. 是的,这件衬衫你穿大小合适,但是它跟这条红色的裙子不搭配。

Ausdrücke für den Kleidungseinkauf 购买服装的常用语

die Verkäuferin / der Verkäufer：

+ Kann ich Ihnen helfen? 我能帮助您吗？
+ Kann ich Ihnen etwas zeigen? 我能给您看些衣服吗？
+ Sie wünschen? 您有什么需要？
+ Die Größe haben wir leider nicht mehr. 抱歉,我们没有这个尺寸。
+ Blau steht Ihnen sehr gut. 蓝色非常适合您。

+ Wollen Sie das anprobieren? 您要试穿这件吗？
+ Wie gefällt Ihnen das? 您觉得这件怎么样？

+ Das ist jetzt sehr modern. 这件现在很时尚。

+ Das ist / Die sind sehr bequem. 这很舒适。

die Kundin / der Kunde：

− Ich suche... 我在找……
− Ich hätte gern... 我想要……

− Haben Sie den Rock in Größe M? 这条裙子您有 M 码的吗？
− Haben Sie die Hose in Blau? 这条裤子您有蓝色的吗？
− Kann ich das anprobieren? 我可以试穿这件吗？
− Wie steht mir das? 这件我穿（风格款式）合适吗？
− Welche Bluse steht mir besser? 哪件衬衫更适合我？
− Welchen/Welches/Welche soll ich kaufen/nehmen? 我该买/拿哪一件呢？
− Wo kann ich das bezahlen? 我在哪里可以付款（买单）？

▶ **Übungen**

1. **Wählen Sie das richtige Kleidungsstück aus und setzen Sie ein. Achten Sie bitte auf die korrekte Form.** 请选择相应的服装单品名称,并用其正确形式填空。

> Jacke — T-Shirt — Schuhe — Rock — Socke — Hose — Schal — Mantel

a）Im Winter trage ich einen warmen _____ .

b）Für die Party ziehe ich einen schicken _____ an.

c）An regnerischen Tagen trage ich meine wasserdichten _____ .

d) Im Sommer trage ich am liebsten kurze _____.

e) Für den Sport trage ich ein bequemes _____.

f) Ein _____ ist ein Kleidungsstück, das man um den Hals trägt.

g) Diese _____ passt perfekt zu meiner Jeans.

h) Ein Paar _____ halten meine Füße warm.

2. **Setzen Sie die passenden Farben ein und achten Sie auf die korrekte Form.** 请填入合适的颜色词汇，并用其正确形式填空。

a) Der Weihnachtsmann trägt traditionell einen _____ Mantel und hat einen _____ Bart.

b) Die Ärzte tragen in der Klinik oft _____ Kittel.

c) Die Blätter an den Bäumen werden im Herbst oft _____.

d) Die Blumen im Garten sind _____ und vielfarbig.

e) Im Sommer blühen die Sonnenblumen in _____.

f) In der Wüste sind die Sanddünen oft _____.

g) Die Tomaten in meinem Garten sind reif und werden _____.

h) Der Schnee bedeckt die Straße mit einer _____ Schicht.

i) Die Fußgänger warten geduldig auf das _____ Ampelsignal.

j) Er hat gestern Abend viel getrunken und war ziemlich _____.

k) Er hat keine gültige Arbeitserlaubnis und arbeitet _____ in einem Restaurant.

3. **Ordnen Sie bitte die Muster den richtigen Beschreibungen zu oder ergänzen Sie die Beschreibungen mit fehlenden Musterwörtern. Achten Sie bitte auf die korrekte Form.** 请将图案、花纹同与之相匹配的描述一一对应，或者选择合适的词汇并用其正确形式将下列句子补充完整。

a) gepunktet ____   1. Dieses Muster hat Blumen oder Pflanzen darauf.

b) gestreift ____   2. Dieses Muster zeigt regelmäßige Quadrate oder Rechtecke.

c) kariert ____   3. Das Kind trägt eine Hose mit kleinen, weißen _____.

d) geblümt ____   4. Kleine Kreise sind über die Fläche verteilt.

e) gemustert ____   5. Das T-Shirt hat breite _____ in verschiedenen Farben.

f) Streifen ____   6. Es gibt gleichmäßige Linien in verschiedenen Farben.

g) Punkte ____   7. Unterschiedliche Formen und Elemente sind in zufälliger Anordnung.

4. **Lesen Sie den folgenden Dialog und vervollständigen Sie die Lücken mit den passenden Ausdrücken.** 请阅读下列对话，并选择合适的短语、词汇，将对话补充完整。

> gefällt dir — Sachen — passt mir — steht mir — passt zu — passt zu dir — passt sie zu mir — findest du — zu

A: Hallo! Schön, dass wir hier einkaufen gehen!

B: Hallo! Ja, ich brauche neue Kleidung. Mein Schrank braucht neue _____.

A：Gut，dann lass uns zusammen schauen. Wie _____ diesen Rock?

B：Hmm，der Rock ist schön. Aber er ist ein bisschen _____ kurz. Oh，dieses Top passt gut dazu.

A：Ja，das Top sieht toll aus. _____ dieser Blazer?

B：Ja，der Blazer passt dir. Er sieht schick aus. Wie _____ dieser Pullover?

A：Der Pullover steht dir wirklich gut. Die Farbe _____. Aber vielleicht kann er etwas enger sein，dann kann er deine Figur betonen.

B：Danke für den Tipp! Wie findest du diese Jeans? _____?

A：Die Jeans sieht gut aus! Sie passt zu dir. Deine Beine sehen darin schön aus.

B：Das freut mich. Ich denke，ich nehme sie. Übrigens，wie _____ dieser Schal?

A：Der Schal sieht bequem aus! Die Farbe _____ vielen Sachen. Er kann deine Kleidung besser aussehen lassen.

B：Du hast Recht，ich nehme ihn mit. Danke，dass du beim Aussuchen hilfst!

A：Kein Problem! Das machen Freundinnen gerne! Später können wir Schuhe schauen.

B：Ja，das klingt gut! Danke，dass du mitgekommen bist.

A：Klar，gerne! Jetzt können wir weiter schauen und unseren Einkaufsbummel genießen.

B：Ja，das machen wir!

5. Lesen Sie die folgenden Dialoge und füllen Sie die Lücken mit den passenden Wörtern aus. Achten Sie bitte auf die korrekte Form. 请阅读下列对话,选择合适的词并用其正确形式填空。

Im Kleidungsgeschäft

（A：die Verkäuferin；B：der Kunde）

Dialog 1　Einkaufen

in×2 — an — helfen — bequem — Hose — es gibt — Auswahl

A：Guten Tag! Kann ich Ihnen _____?

B：Guten Tag! Ich suche eine neue _____.

A：Natürlich! Wir haben eine große _____. Was für eine Hose wünschen Sie sich?

B：Ich mag dunkelblaue Hosen. Und sie sollten _____ sein.

A：Gut，hier gibt es einige Hosen _____ Dunkeblau. Wie gefällt Ihnen diese hier?

B：Die sieht gut aus. Haben Sie diese Hose _____ Größe M?

A：Ja，die _____ in Größe M. Probieren Sie sie gerne _____?

B：Ja，das mache ich.

Dialog 2　Anprobieren

gerne — kleiner — besser — kosten×2 — gefallen

A：Wie _____ Ihnen die Hose?

B：Sie ist bequem，aber ich glaube，eine Nummer _____ kann besser sein.

A: Kein Problem, ich hole Ihnen die kleinere Größe.

B: Danke!

(Der Kunde probiert die Hose an.)

B: Die kleinere Größe passt viel _____. Wie viel _____ sie?

A: Die Hose _____ 30 Euro.

B: Ich nehme sie _____.

Dialog 3   Umtauschen

umtauschen — kleiner — Größe — aus — groß — Rechnung

A: Guten Tag! Wie kann ich Ihnen helfen?

B: Hallo! Ich habe vor ein paar Tagen dieses Hemd gekauft, aber es ist zu _____.

A: Ich sehe, Sie haben die _____ dabei. Möchten Sie das Hemd _____?

B: Ja, bitte. Haben Sie es in einer kleineren _____?

A: Natürlich. Hier ist die _____ Größe. Passt es Ihnen?

B: Ja, das sieht gut _____. Danke!

A: Gern geschehen! Hier ist Ihr umgetauschtes Kleidungsstück.

Dialog 4   Zurückgeben

zurückzahlen — zurückgeben — ausfüllen — auswählen — Kaufbetrag — Rechnung

A: Guten Tag! Was kann ich Ihnen helfen?

B: Hallo! Ich habe diese Jacke vor ein paar Tagen gekauft, aber sie gefällt mir nicht mehr. Kann ich sie _____?

A: Natürlich. Haben Sie die _____ dabei?

B: Ja, hier ist sie.

A: Verstehe. Wir können Ihnen entweder den Kaufbetrag _____ oder Sie können eine andere Jacke _____.

B: Ich würde gern den _____ zurückbekommen, bitte.

A: Kein Problem. _____ Sie bitte dieses Formular _____.

B: Danke für Ihre Hilfe.

A: Gern geschehen! Wenn Sie noch Fragen haben, stehe ich Ihnen zur Verfügung.

10 Personenbeschreibung

Figur 身材

schlank 苗条的

vollschlank 丰满的

zierlich（klein und schlank）娇小的

dünn 瘦的

dick 胖的

kräftig 结实的

Größe 身高

sehr groß 非常高的

groß 高的

mittelgroß 中等身高的

klein 矮的

Gesicht 脸

das Auge, -n 眼睛

das Ohr, -en 耳朵

die Nase, -n 鼻子

der Mund, ÷er 嘴巴

die Brille, -n 眼镜

Frisur 发型

glatt 直发的

lockig 卷发的

gewellt 波浪式的

das Haar, -e 头发

▶ **Übungen**

1. Lesen Sie die folgenden Beschreibungen und wählen Sie das passende Wort zur Beschreibung der Figur aus. 请阅读以下对身材的描述，并选择合适的词填空。

> zierlich — schlank — vollschlank — dünn — kräftig — dick

a) Alex ist stark und hat muskulöse Arme und Beine. Er ist definitiv _____.

b) Tom hat eine normale Körperform. Er ist nicht dünn, aber auch nicht übergewichtig. Er ist eher _____.

c) Mark ist sehr schlank und hat kaum Körperfett. Man kann ihn als _____ bezeichnen.

d) Anna ist schlank und nicht groß. Man kann sie als _____ bezeichnen.

e) Laura hat ein bisschen mehr Gewicht，besonders um die Taille. Man kann sie als _____ bezeichnen.

f) Lisa hat mehr Gewicht und ist etwas rundlicher. Sie ist offensichtlich _____.

2. Lesen Sie die folgenden Beschreibungen und wählen Sie das passende Adjektiv zur Beschreibung der Größe aus. 请阅读下列对身高的描述，并选择合适的形容词填空。

> sehr groß — groß — mittelgroß — klein

a）Lisa hat eine normale Körpergröße. Sie ist nicht besonders groß，aber auch nicht klein. Sie ist eher _____.

b）Paul ist überdurchschnittlich hoch gewachsen. Er ist _____.

c）Tim ist außergewöhnlich groß. Er überragt die meisten Menschen. Er ist _____.

d）Mia ist eher von geringer Statur. Sie ist _____.

3. Lesen Sie die folgenden Beschreibungen und wählen Sie das passende Adjektiv für die Gesichts- und Frisurbeschreibung aus. Achten Sie bitte auf die korrekte Form. 请阅读下列对脸部、发型及五官特征的描述，选择合适的词并用其正确形式填空。

a）oval — braun — glatt

Maria hat ein _____ Gesicht und _____ Augen. Ihre Haare sind _____ und gehen bis zur Schulter.

b）blau — kurz — rund — lockig

Paul hat ein _____ Gesicht，_____ Augen und eine _____，_____ Frisur.

c）lang — schmal — gewellt — grün

Lisa hat ein _____ Gesicht，_____ Augen und _____，_____ Haare.

d）mittellang — groß — glatt — schwarz

Tom hat ein _____ Gesicht und _____ Augen. Seine Haare sind _____ und _____.

11　Wohnungen

Haus/Wohnung/Zimmer 房子/公寓/房间

das Haus，﹣er 房子

die Wohnung, -en 公寓

das Zimmer, - 房间

das Studentenwohnheim, -e 大学生宿舍

die Wohngemeinschaft，-en（WG）合租房

das Schlafzimmer，- 卧室

das Kinderzimmer, - 儿童房

das Arbeitszimmer，- 书房

das Wohnzimmer，- 客厅

das Esszimmer, - 餐厅

das Badezimmer, -（das Bad）浴室,卫生间

das Klo, -s 厕所

die Küche, -n 厨房

die Diele, -n 门厅

der Balkon, -e 阳台

der Flur, -e 走廊

der Quadratmeter, - 平方米

die Nebenkosten ＝ NK（*Pl*.）（除房租以外的
　　如水费、电费、暖气费等）附加费用

die Miete, -n 房租

vermieten 出租

mieten 租

der Vermieter, - 房东

der Mieter, - 租户

die Kaution, -en 押金

der Stock，- 楼层

im dritten Stock 在四层（德语中的底层有专门
　　的叫法,从二层开始称之为 erster Stock）

die Etage, -n 楼层

in der dritten Etage 在四层

das Erdgeschoss, -e 底层

Zimmereinrichtung 室内陈设

das Sofa, -s（供多人坐的）长条沙发

der Sessel, - 单人沙发椅

der Tisch, -e 桌子

der Stuhl，﹣e 椅子

das Bett, -en 床

der Schrank，﹣e 橱,柜

das Regal, -e 架子

der Teppich，-e 地毯

der Kühlschrank，﹣e 冰箱

die Waschmaschine, -n 洗衣机

der Fernseher, - 电视机

der Computer, - 电脑

die Kaffeemaschine, -n 咖啡机

das Radio, -s 收音机

der Herd, -e 炉灶

die Lampe, -n 灯

der Spiegel, - 镜子

die Pflanze, -n 植物

▶ **Übungen**

1. Vervollständigen Sie die Sätze mit den passenden Wörtern. 请选择合适的词填空。

> Kinderzimmer — Badezimmer — Diele — Balkon — Klo — Küche — Esszimmer — Arbeitszimmer — Wohnzimmer — Schlafzimmer

a）In meinem _____ schlafe ich.

b）Mein Vater arbeitet im _____.

c）Wir essen zusammen im _____.

d）Im _____ kann man sich waschen.

e）Im _____ kann man fernsehen und sich entspannen.

f）In der _____ bereitet man das Essen vor.

g）Das _____ dient als Toilette.

h）Die Wohnung betritt man durch die _____.

i）Ich sitze gern auf dem _____ und genieße die Sonne.

j）Im _____ spielen die Kinder.

2. Ergänzen Sie die Lücken in den folgenden Texten mit den passenden Wörtern. Achten Sie bitte auf die korrekte Form. 请选择合适的词并用其正确形式将下列文本补充完整。

> gemütlich — Quadratmeter — günstig — praktisch — bei — Miete — kosten — Nebenkosten — Studenten

a）Ich lebe noch _____ meinen Eltern. In unserem Haus habe ich mein eigenes Zimmer. Es ist nicht sehr groß，aber _____. Ich helfe im Haushalt mit und muss keine _____ zahlen.

b）Ich wohne im Studentenwohnheim. Das ist ein großes Gebäude mit vielen Zimmern. Ich teile meine Küche und mein Bad mit anderen _____. Mein Zimmer ist ungefähr 10 _____ groß und _____ monatlich 300 Euro，inklusive aller _____. Die Uni ist ganz in der Nähe, das ist _____. Mein Zimmer ist ziemlich klein，aber es hat alles，was ich brauche. Und die Miete ist sehr _____.

> gehören — inklusive — betragen — teilen — Stock — alleine — WG — Mitbewohner — höher

c）Ich lebe in einer _____, einer Wohngemeinschaft. Unsere Wohnung hat insgesamt drei Zimmer. Mein Zimmer hat eine Fläche von 15 Quadratmetern und ist gemütlich eingerichtet. Die Miete _____ 250 Euro im Monat，und ich _____ die Nebenkosten mit meinen _____.

d）Ich habe mir eine kleine Wohnung im 3. _____ gemietet. Sie hat insgesamt 40

Quadratmeter und mein Schlafzimmer ist etwa 20 Quadratmeter groß. Die Wohnung ist nicht sehr groß，aber sie _____ nur mir. Ich habe eine Küche，ein Wohnzimmer，ein Schlafzimmer und ein Badezimmer für mich _____. Die Miete ist etwas _____，beträgt monatlich 600 Euro，_____ der Nebenkosten. Aber ich schätze die Unabhängigkeit und den eigenen Platz.

3. **Ergänzen Sie die Nomen，wenn nötig，auch den unbestimmten Artikel. Achten Sie bitte auf die korrekte Form.** 请选择名词并用其正确形式填空。必要时加上相应的不定冠词。

> Fernseher — Regal — Bett — Lampe — Tisch — Spiegel — Schrank — Sofa — Teppich — Stuhl

Frau Weber ist gerade in eine neue Wohnung eingezogen. Sie möchte ihre Wohnung gemütlich einrichten. Sie fährt in ein Möbelgeschäft und sucht einige Möbel und Einrichtungsgegenstände.

Zuerst braucht sie _____ B_____ für das Schlafzimmer. Sie möchte einen bequemen Ort zum Ausruhen und Träumen. Außerdem braucht sie noch _____ S_____ für ihre Kleidung.

In der Küchenabteilung sucht sie nach _____ T_____ und vier S_____. Sie möchte gerne Freunde zum Essen einladen. Im Wohnzimmer fehlt noch _____ bequemes S_____. Auch _____ L_____ ist wichtig für Licht. R_____ bieten Platz für Bücher und Dekorationen.

Für den Flur denkt sie an _____ S_____. Das ist nicht nur paraktisch，sondern auch stilvoll. In den Zimmern möchte sie T_____ haben，um den Boden schön zu machen.

Natürlich denkt sie auch an Unterhaltung. Sie möchte sich hin und wieder einen Film anschauen. _____ F_____ für das Wohnzimmer wäre auch gut.

4. **Füllen Sie die Lücken im folgenden Dialog mit den passenden Wörtern aus.** 请选择合适的词填空，将对话补充完整。

> Bescheid — Dusche — Stock — Aussicht — Balkon — Anzeige — Wohnung — Küche — Zimmer — betragen — unterschreiben — inklusive — verfügbar — herein — hoch — 60 — zeigen

（A：die Mieterin；B：der Vermieter）

A：Guten Tag，ich bin Frau Schmidt. Ich habe Ihre A_____ gelesen und habe Interrese an der W_____，die Sie anbieten.

B：Guten Tag，Frau Schmidt. Schön，Sie kennenzulernen. Kommen Sie bitte h_____. Ich z_____ Ihnen gerne die Wohnung.

A：Vielen Dank. Wie viele Z_____ hat die Wohnung?

B：Die Wohnung hat zwei Zimmer：ein Schlafzimmer und ein Wohnzimmer.

A：Und wie groß ist die Wohnung?

B：Die Wohung hat eine Fläche von etwa _____ Quadratmetern.

A：Wo ist die K_____?

B：Sie befindet sich gleich hier，direkt neben dem Wohnzimmer und ist möbliert. Es gibt einen Herd，einen Kühlschrank，eine Spüle und Küchenschränke.

A：Wie h_____ ist die Miete?

B：Die monatliche Miete b_____ 500 Euro，i_____ der Nebenkosten.

A：Das klingt nicht teuer. Gibt es auch einen B_____?

B：Ja，es gibt einen kleinen Balkon. Die Wohnung liegt im 5. S_____，und auf dem Balkon hat man eine schöne A_____.

A：Das ist gut. Wann kann ich einziehen?

B：Die Wohnung ist ab dem nächsten Monat v_____. Wir müssen nur noch den Mietvertrag besprechen und u_____.

A：Ich bin interessiert. Kann ich mir noch das Badezimmer anschauen?

B：Natürlich. Das Badezimmer ist gleich hier. Es gibt eine D_____，eine Toilette und ein Waschbecken.

A：Perfekt! Die Wohnung gefällt mir. Können Sie mir den Mietvertrag zeigen?

B：Sicher，ich habe den Mietvertrag hier. Wenn Sie weitere Fragen haben，stehe ich Ihnen gerne zur Verfügung.

A：Ich werde Ihnen B_____ geben，sobald ich mich entschieden habe. Vielen Dank für die Besichtigung!

B：Gern geschehen，Frau Schmidt. Ich wünsche Ihnen einen schönen Tag.

5. **Lesen Sie den folgenden Text und füllen Sie die Lücken mit den passenden Wörtern aus. Achten Sie bitte auf die korrekte Form.** 请阅读下列短文，选择合适的词并用其正确形式填空。

wohl — hell — plaudern — liegen — baden — Schlafzimmer — Wohnzimmer — Garten — Küche — Stadtrand — Blick — Natur — Arbeitsfläche — Atmosphäre — Lieblingsplatz — von — Freien — Entspannung

Mein Traumhaus

Mein Traumhaus l_____ in einer ruhigen Gegend am S_____. Es ist perfekt für mich， denn es ist in der Nähe von meiner Arbeit und meinen Freunden.

Das Haus ist nicht zu groß，aber auch nicht zu klein. Es hat drei geräumige S_____，ein gemütliches W_____ und eine moderne K_____. Das Wohnzimmer ist der perfekte Ort zur E_____ und zur Gästeeinladung. Es hat große Fenster und ist h_____. Hier hat man einen schönen Blick auf den Garten.

Die Küche ist mein L_____ im Haus. Sie ist gut ausgestattet mit modernen Geräten und hat viel A_____. Hier kann ich das Essen vorbereiten und mit meinen Gästen p_____.

Im Badezimmer gibt es eine große Badewanne. Nach einem langen Tag kann ich mich hier gut b_____ und entspannen.

V_____ dem Wohnzimmer aus kann ich auf den Balkon kommen. Hier kann man einen schönen B_____ auf die Umgebung und sogar auf die Berge in der Ferne haben.

Der G_____ ist ein weiterer Höhepunkt meines Traumhauses. Er ist groß genug für Blumen, Bäume，verschiedene Pflanzen und sogar noch Gemüse. Hier kann ich mich in der N_____ erholen und meine freie Zeit im F_____ verbringen.

Die Zimmer in meinem Traumhaus sind liebevoll eingerichtet. Helle Farben und bequeme Möbel schaffen eine gemütliche A_____. Hier kann ich glückliche Momente mit meiner Familie und Freunden verbringen und werde mich immer w_____ fühlen.

12　Reisen

Reiseziele 旅行目的地

ans Meer 去海边

am Meer 在海边

auf die Insel 去岛上

auf der Insel 在岛上

in die Berge 去山区

in den Bergen 在山区

ins Ausland 出国,去外国

im Ausland 在外国

aufs Land 去农村,去乡村

auf dem Land 在农村,在乡村

zu Hause 在家

an den See 去湖边

am See 在湖边

Reisen/Urlaubsreisen/Ferienreisen 旅行/度
　假旅行/假期旅行

die Reise, -n 旅行

der Urlaub, -e 度假

das Reisebüro, -s 旅行社

der Prospekt, -e（旅行社）宣传册

das Angebot, -e（旅行社提供的）旅游线路,旅
　游产品

der Reiseführer, - 旅游指南;导游

Unterkunft 住宿

das Hotel, -s 酒店,旅馆

die Jugendherberge, -n 青年旅社

übernachten 过夜

die Übernachtung, -en 住宿,过夜

das Einzelzimmer, - 单人间

das Doppelzimmer, - 双人间

die Rezeption, -en 前台,接待处

die Halbpension 半餐（包括早餐和晚餐）

die Vollpension 全餐（包括早餐、中餐和晚餐）

inklusive Präp.（G.）包括

Verkehrsmittel zum Reiseziel 到达目的地的
　交通工具

der Zug, ̈e 火车

das Flugzeug, -e 飞机

das Schiff, -e 船

der Reisebus, -se 旅游大巴

das Auto, -s 小汽车

Gepäck 行李

der Koffer, - 箱子

die Reisetasche, -n 旅行包

der Rucksack, ̈e 双肩背包

die Badehose, -n 游泳裤

der Bikini, -s 比基尼

der Pass, ̈e 护照

das Handy, -s 手机

der Stadtplan, ̈e 城市地图

die Kreditkarte, -n 信用卡

die Sonnencreme, -s 防晒霜

die Sonnenbrille, -n 太阳眼镜

der Regenschirm, -e 雨伞

das Ticket, -s 机票,船票,车票

Aktivitäten auf der Reise 旅行中的活动

am Strand liegen 躺在沙滩上

wandern 徒步,远足

surfen 冲浪

Fahrrad fahren 骑自行车

die Stadtrundfahrt, -en 市区观光游览

einkaufen 购物

das Souvenir，-s 旅游纪念品

lesen 阅读

ausschlafen 睡懒觉,睡足,睡够

lokale Spezialitäten probieren 品尝地方特色
  美食

Sehenswürdigkeiten besichtigen 参观名胜古迹

das Schloss besichtigen 参观城堡

die Kirche besichtigen 参观教堂

den Palast besichtigen 参观宫殿

die Große Mauer 长城

der Sommerpalast 颐和园

die Verbotene Stadt 紫禁城

das Museum besuchen 参观博物馆

die Ausstellung besuchen 参观展览

den Zoo besuchen 参观动物园

Freunde besuchen 拜访朋友

▶ **Übungen**

1. **Lesen Sie die folgenden Sätze und vervollständigen Sie die Sätze mit den passenden Wörtern. 请阅读下列句子,选择正确的词填空。**

a) Ich fahre mit dem _____ .

b) Am Flughafen gibt es viele _____ .

c) In der Stadt kann man eine _____ machen.

d) Das Gepäck kommt auf das _____ im Flughafen.

e) Im Hotel kann man in einem _____ schlafen.

f) Ich möchte gerne ein _____ für die Reise kaufen.

g) Im Reisebüro kann man eine _____ buchen.

h) Die _____ im Zug sind bequem.

i) Wir müssen früh aufstehen und dürfen den _____ nicht verpassen.

1. Sitze
2. Gepäckband
3. Souvenir
4. Flug
5. Reise
6. Menschen
7. Zug
8. Stadtrundfahrt
9. Hotelzimmer

2. **Füllen Sie die Lücken im folgenden Text mit den passenden Wörtern aus. 请选择合适的词,将下列短文补充完整。**

> Flugzeug — Sehenswürdigkeiten — Reisepass — Abfahrt — Koffer — Reise —
> Ticket — Stadtplan — ankommen — Stadtrundfahrt

Hallo! Mein Name ist Alex，und mir macht es Spaß，zu reisen. Nächste Woche mache ich eine _____ in eine aufregende Stadt. Mein _____ ist schon gepackt mit all meinen Sachen. Ich habe auch meinen _____ und mein _____ dabei. Damit kann ich ohne Probleme reisen. Ich fliege mit dem _____ dorthin und werde am Flughafen _____ .

Ich habe bereits eine _____ gebucht. Ich möchte alle wichtigen _____ besichtigen. Mein _____ zeigt mir, wo alles ist. Ich bleibe in einem gemütlichen Hotel im Zentrum der Stadt. Die _____ ist um 14 Uhr，also werde ich rechtzeitig dort sein.

Ich freue mich schon darauf. Neue Orte zu entdecken，ist einfach fantastisch. Bald geht mein Abenteuer los.

3. Füllen Sie die Lücken im folgenden Dialog mit den passenden Wörtern aus. Achten Sie bitte auf die korrekte Form. 请选择合适的词，并用其正确形式填空。

Anruf im Hotel

> begrüßen — freuen — nehmen — helfen — reservieren — planen — betragen — Fragen — Stadt — Aussichtsmöglichkeiten — Telefonnummer — Ausblick — Kontaktdaten — Doppelzimmer — Frühstück — Einzelbetten — Garten — entfernt

（A: die Kundin; B: der Hotelmitarbeiter）

A: Guten Tag, ich möchte gern ein Zimmer in Ihrem Hotel r_____.

B: Guten Tag. Natürlich, ich h_____ Ihnen gerne. Wann p_____ Sie Ihre Reise?

A: Ich möchte vom 10. bis zum 15. September bleiben.

B: Verstanden. Möchten Sie ein Einzelzimmer oder ein D_____?

A: Ich hätte gerne ein Doppelzimmer mit einem schönen A_____, wenn möglich.

B: Selbstverständlich. Wir haben Zimmer mit verschiedenen A_____. Möchten Sie ein Zimmer mit Blick auf die S_____ oder auf den Garten?

A: Ein Zimmer mit Blick auf den G_____ wäre wunderbar.

B: Notiert. Wir haben ein Doppelzimmer mit Gartenblick verfügbar. Möchten Sie ein Doppelbett oder zwei E_____?

A: Zwei Einzelbetten, bitte.

B: Perfekt. Der Gesamtpreis für Ihren Aufenthalt vom 10. bis zum 15. September b_____ 400 Euro, inklusive F_____.

A: Das hört sich gut an. Kann ich das Zimmer jetzt gleich buchen?

B: Selbstverständlich. Ich notiere Ihre Buchung für das Doppelzimmer vom 10. bis zum 15. September. Können Sie mir Ihren Namen und Ihre K_____ geben?

A: Ich heiße Anna Müller und meine T_____ ist 0123-45678910.

B: Vielen Dank, Frau Müller. Ihre Buchung ist nun bestätigt. Sie erhalten in Kürze eine Bestätigungs-E-Mail mit allen Informationen. Gibt es sonst noch F_____, die ich für Sie klären kann?

A: Ja, können Sie mir bitte sagen, wie weit Ihr Hotel vom Hauptbahnhof e_____ ist?

B: Natürlich. Unser Hotel befindet sich ungefähr 2 Kilometer vom Hauptbahnhof entfernt. Sie können bequem ein Taxi oder den öffentlichen Bus n_____, um dort anzukommen.

A: Das klingt gut. Vielen Dank für die Information.

B: Gern geschehen, Frau Müller. Wir f_____ uns darauf, Sie im September bei uns b_____ zu dürfen. Einen schönen Tag noch!

A: Ihnen auch einen schönen Tag. Auf Wiederhören!

B: Auf Wiederhören, Frau Müller.

4. Im Reisebüro

① **Füllen Sie die Lücken im folgenden Dialog mit den passenden Wörtern aus. Achten Sie bitte auf die korrekte Form. 请选择合适的词,并用其正确形式将对话补充完整。**

> Pauschalreise — Halbpension — Unterkunft — Urlaub — Buchung — reisen — kosten — Italien — Ausflüge — Meer

(A: die Kundin; B: die Reisebüromitarbeiterin)

A: Guten Tag! Mein Mann und ich, wir möchten gerne einen U_____ buchen.

B: Guten Tag! Natürlich, ich helfe Ihnen gerne. Wohin möchten Sie denn r_____?

A: Ich habe noch keine genaue Vorstellung. Irgendwo mit Sonne und Strand wäre schön. Ich mag Sonne, Strand und M_____.

B: Dann haben Wir einige schöne Ziele für Sie. Wie wäre es zum Beispiel mit Spanien, der Türkei oder I_____?

A: Das klingt gut. Wie viel k_____ eine Reise dorthin?

B: Das hängt davon ab, wann Sie reisen möchten, wie lange Sie bleiben möchten und welche U_____ Sie bevorzugen? Wir haben verschiedene Angebote für jeden Geschmack und jedes Budget.

A: Wir möchten für zehn Tage verreisen. Am liebsten würden wir im September fahren, weil es nicht mehr so heiß ist.

B: Das ist ein schöner Zeitpunkt. Wir haben ein Paketangebot für 10 Tage in einem Vier-Sterne-Hotel in Antalya, Türkei. Es beinhaltet Flug, Unterkunft und Frühstück für insgesamt 900 Euro pro Person.

A: Das klingt interessant. Aber in der Türkei war ich schon zweimal. Haben Sie noch andere Angebote?

B: Natürlich! Hier habe ich noch ein tolles Angebot für Sie. Wie wäre es mit einer P_____ nach Mallorca? Sie fliegen von Frankfurt aus direkt nach Palma de Mallorca und übernachten in einem Vier-Sterne-Hotel mit H_____. Das Hotel liegt direkt am Strand und hat einen großen Pool und einen Wellnessbereich. Die Reise kostet pro Person nur 799 Euro.

A: Das scheint sehr attraktiv zu sein. Was ist alles im Preis inbegriffen?

B: Im Preis sind die Flugtickets, das Hotel, das Frühstück, das Abendessen und die A_____ inbegriffen. Außerdem haben Sie auch einen Mietwagen für die ganze Zeit zur Verfügung.

A: Das hört sich alles sehr gut an. Ich glaube, wir nehmen dieses Angebot an.

B: Das freut mich sehr. Dann brauche ich nur noch ein paar Daten von Ihnen, und ich mache jetzt die B_____.

② **Ordnen Sie jedem Wort die passende Definition oder das passende Synonym zu.** 请将下列从上文选取的词与其定义一一对应，并将序号填入横线。

a）Urlaub ____

b）Meer ____

c）Italien ____

d）Unterkunft ____

e）Pauschalreise ____

f）Halbpension ____

g）Ausflüge ____

h）Buchung ____

1. Ein Land in Südeuropa，das für seine Pizza und Pasta bekannt ist

2. Der Ort, an dem man schläft und isst，wenn man verreist

3. Eine Art von Verpflegung, bei der das Frühstück und das Abendessen im Preis enthalten sind

4. Die Reservierung oder Organisation von Dienstleistungen wie Flügen，Unterkunft oder Aktivitäten im Voraus

5. Das salzige Wasser, das einen großen Teil der Erde bedeckt

6. Eine Pause von der Arbeit oder dem Alltag, um sich zu erholen oder an einem anderen Ort Zeit zu verbringen

7. Eine Art von Reise, bei der der Flug, das Hotel und manchmal auch das Essen im Preis enthalten sind

8. Geplante Aktivitäten oder Besuche an interessanten Orten während einer Reise, um die Umgebung besser kennenzulernen

13 Auskunft und Verkehr

Verkehrsmittel 交通工具

der Bus, -se 公共汽车

das Auto, -s 小汽车

die U-Bahn 地铁

die S-Bahn 轻轨

die Straßenbahn 有轨电车

der Zug, ̈e 火车

der ICE = Intercityexpress 城际特快

das Schiff, -e 船

das Flugzeug, -e 飞机

nach dem Weg fragen 问路

Entschuldigung, wie komme ich zur/zum...?
打扰一下,请问往……怎么走?

Wo ist ...? ……在哪儿?

Gibt es hier in der Nähe ...? 这儿附近有……吗?

den Weg beschreiben 指路

Gehen/Fahren Sie bitte... 请您往……走/行驶。

Gehen Sie bitte zurück. 请您往回走。

Sie müssen umkehren. 您得掉头。

geradeaus/links/rechts gehen 笔直往前/往左/
往右

entlanggehen 沿着……走

über die Straße 穿过马路

um die Ecke 绕过拐角

auf der linken/rechten Seite 在左/右边

an der Kreuzung 在十字路口

an der Ampel 在红绿灯处

umsteigen 换乘

einsteigen 上车

aussteigen 下车

Bahnverkehr 铁路交通

die Fahrkarte, -n 车票

der Fahrschein, -e 车票

der Fahrkartenautomat, -en 自动售票机

der Bahnsteig, -e 站台,月台

das Gleis, -e 轨道,站台

reservieren 预定

erste, zweite Klasse 一等座/二等座

einfach 单程的

hin und zurück 往返的

die BahnCard 火车车票优惠卡

 Lern-Tipp 学习小贴士

1. 在 Verkehr 这个主题中首先要掌握各种交通工具的名称。

2. 其次要学会怎么问路、怎么指路。在问路的时候我们一般用"Wie komme ich zum/zur ...?"或 "Wo ist ...?"来询问。而在回答的时候可以用祈使句"Gehen Sie / Fahren Sie ..."来描述路怎 么走。同时要注意"向前""向左""向右"的表达方式以及"穿过马路""绕过拐角""在十字路口""在 红绿灯处"等的正确表述。

3. 在说明乘坐的交通工具的时候,一般可以使用动词 fahren 加上介词 mit 来带出所乘坐的交通工 具,比如 mit dem Bus fahren。或者也可以用动词 nehmen 直接加上所乘坐的交通工具,比如 den Bus nehmen。另外,"上车""下车"和"换乘"所对应的动词分别是 einsteigen, aussteigen 和

umsteigen。

4. 在火车站买车票常常要涉及"单程票""往返票""一等座""二等座""站台"和 BahnCard 等概念。其中 BahnCard 是可用于购买火车票的优惠卡。不同的优惠卡折扣额度各不相同，比如 BahnCard 50 就是可以获得 50% 的优惠额度。

▶ **Übungen**

1. Ergänzen Sie. 请用正确词汇填空。

> Fahrrad — Bus — Straßenbahn — Zug — U-Bahn — Auto — Schiff — Flugzeug —
> zu Fuß gehen

a) + Kommst du mit dem _____ zum Unterricht?

　* Nein, ich fahre mit der _____. Das geht schneller. Und du?

　+ Ich _____ _____ _____. Ich wohne ganz in der Nähe.

b) + Wir wollen im Sommer auf eine Insel fahren und machen dort Urlaub.

　* Das ist aber schön. Fahrt ihr mit dem _____?

　+ Nein, das dauert zu lang. Wir fliegen lieber mit dem _____. Und ihr?
Wo macht ihr denn Urlaub?

　* Wir fahren in die Berge, mit dem _____.

c) + Fahren Sie in Deutschland mit der _____ zur Arbeit?

　* Nein, normalerweise nehme ich den _____. Aber im Winter fahre ich

manchmal auch mit dem _____.

2. Ergänzen Sie die passenden Wörter. 请选择适当的词汇填入对话中。

Dialog a)

bis zur — zum — in die — nach × 2 — rechten — am — bis zum

+ Entschuldigung, wie komme ich _____ Bahnhof?

* Das ist ganz einfach. Sie gehen geradeaus und _____ _____ nächsten Kreuzung. Da gehen Sie rechts und _____ _____ Marktplatz. _____ Marktplatz gehen Sie _____ links _____ _____ Kölner Straße. _____ ungefähr 300 Metern sehen Sie den Bahnhof auf der _____ Seite.

+ Danke schön.

* Kein Problem.

Dialog b)

überlegen — links — bis zur — in die — über die — entlang — fremd — am

+ Können Sie mir bitte helfen? Gibt es hier eine Buchhandlung?

− Tut mir leid, ich bin auch _____ hier.

+ Entschuldigung, ist hier eine Buchhandlung in der Nähe?

* Hm, warten Sie mal, ich muss mal _____. Ach ja, Sie gehen hier ungefähr 300 Meter geradeaus _____ _____ nächsten Ampel. Dort gehen Sie rechts _____ _____ Heinestraße. Dann gehen Sie die Heinestraße _____ und die zweite Straße _____, in die Bachstraße. _____ Ende der Bachstraße gehen Sie _____ _____ Schillerstraße. Da sehen Sie die Buchhandlung schon.

+ Sehr nett. Vielen Dank.

* Keine Ursache.

3. Sie müssen mit der U-Bahn/S-Bahn fahren. Lesen Sie das Beispiel und ergänzen Sie dann den Dialog. 您正要坐地铁/轻轨。请阅读范例，然后将对话补充完整。

Beispiel：

Hauptbahnhof → Heinrich-Heine-Straße（f）

S5 oder S7 bis Jannowitzbrücke（f）, dann U8 bis Heinrich-Heine-Straße（f）

Sie sind am Hauptbahnhof.

+ Entschuldigung, ich möchte gern zur Heinrich-Heine-Straße.

* Da müssen Sie umsteigen. Sie nehmen hier die S5 oder die S7 und fahren bis zur Jannowitzbrücke. An der Jannowitzbrücke fahren Sie mit der U8 bis zur Heinrich-Heine-Straße.

+ Vielen Dank.

Dialog a)

Wannsee → Olympia-Stadion（n）

S7 bis Westkreuz（n）, dann S5 bis Olympia-Stadion（n）

Sie sind in Wannsee.

+ Entschuldigung, ich möchte _____ .

* Da müssen Sie umsteigen. Sie nehmen hier die S7 und fahren bis _____ .

Am _____ nehmen Sie die _____ bis _____ .

+ Vielen Dank.

Dialog b)

Alexanderplatz（m） → Uhlandstraße（f）

U2 bis Wittenbergplatz（m）, dann U1 bis Uhlandstraße（f）/Endstation（f）

Sie sind am Alexanderplatz.

+ Entschuldigung, wie _____ ?

* _____

_____ .

+ Vielen Dank.

Dialog c)

Tegel → Ostbahnhof（m）

U6 bis Friedrichstraße（f）, dann S7 oder S5 bis Ostbahnhof（m）

Sie sind in Tegel.

+ _____ .

* _____

_____ .

+ _____ .

4. **Sie sind am Bahnhof und möchten eine Fahrkarte am Schalter kaufen. Ergänzen Sie den Dialog mit den passenden Wörtern.** 您在火车站想要买车票。请选择适当的词将对话补充完整。

> reservieren — zurück — BahnCard — Gleis — Verbindung — umsteigen —
> Klasse — kosten

+ Guten Tag.

* Guten Tag. Ich brauche eine Fahrkarte nach Frankfurt am Main.

+ Einfach oder hin und _____ ?

* Eine einfache Fahrt.

+ Wann möchten Sie fahren?

* Morgen Vormittag.

+ Erste oder zweite _____ ?

* Zweite Klasse, bitte.

+   Möchten Sie einen Platz _____?

*   Ja，gerne. Fährt der Zug direkt nach Frankfurt am Main oder muss ich _____?

+   Ja，einmal in Mannheim. Haben Sie eine _____?

*   Nein，leider nicht.

+   Dann _____ die Fahrkarte 47 Euro.

*   Ja，hier sind 50 Euro. Auf welchem _____ fährt der Zug ab?

+   Auf Gleis 17. Ich druck Ihnen die _____ aus.

*   Danke.

+   3 Euro zurück und Ihre Fahrkarte.

*   Vielen Dank. Auf Wiedersehen.

+   Auf Wiedersehen.

14 Sportarten und Freizeit

Sportarten 体育运动项目

das Badminton 羽毛球

der Basketball 篮球

der Fußball 足球

der Handball 手球

der Volleyball 排球

das Tennis 网球

das Tischtennis 乒乓球

das Golf 高尔夫球

joggen 慢跑

turnen 做体操

schwimmen 游泳

boxen 拳击

rudern 划船，划艇

klettern 攀岩，爬山

Gymnastik machen 做健身操

Yoga machen 做瑜伽

Tai Chi machen 打太极拳

Ski fahren/laufen 滑雪

Schlittschuh fahren/laufen 滑冰（冰刀鞋）

Rollschuh fahren/laufen 滑冰（旱冰鞋）

Fußball/Volleyball spielen 踢足球／打排球

Schach spielen 下（国际）象棋

Karten spielen 打牌

Sport treiben/machen 体育锻炼，做运动

Freizeitbeschäftigungen

业余活动

tanzen 跳舞

im Chor singen 参加合唱队唱歌

spazieren gehen 散步

Radio hören 听广播

Zeitung lesen 看报

Fahrrad fahren 骑自行车

Geige/Violine Spielen 拉小提琴

Gitarre spielen 弹吉他

zusammen kochen 一起做饭

wandern 徒步走

Briefmarken sammeln 集邮

Computerspiele spielen 玩电脑游戏

ins Konzert gehen 去音乐会

ins Kino gehen 去看电影

ins Museum gehen 去博物馆

ins Theater gehen 去剧院看演出

in den Park gehen 去公园

in die Kneipe gehen 去酒馆

in die Bar gehen 去酒吧

im Garten arbeiten 在花园里干活

sich mit Freunden treffen

跟朋友碰面

 Lern-Tipp 学习小贴士

1. 不同的运动项目搭配的动词各不相同。德语中许多球类运动常与动词 spielen 搭配，比如 Basketball spielen 打篮球 / Tennis spielen 打网球 / Golf spielen 打高尔夫球。

2. 除了可以跟球类运动搭配以外，spielen 还可以跟乐器连用，表示演奏某种乐器，比如 Klavier spielen 弹钢琴 / Gitarre spielen 弹吉他 / Violine spielen 拉小提琴。

3. 另外，"下棋""打牌"这两项也与 spielen 搭配：Schach spielen / Karten spielen。

4. 有些运动项目要与 machen 搭配，比如 Gymnastik machen 做健身操 / Yoga machen 做瑜伽 / Tai Chi machen 打太极拳。

5. 另外有些运动项目与 fahren 或 laufen 搭配，比如 Ski fahren（laufen）滑雪 / Schlittschuh fahren（laufen）滑冰 / Rollschuh fahren（laufen）滑冰。Schlittschuh 和 Rollschuh 的区别在于，Schlittschuh 是带冰刀的滑冰鞋，Rollschuh 是带滚轮的旱冰鞋。

6. 除此以外，还有些运动项目本身就是一个动词，可以独立使用，比如 joggen 慢跑 / schwimmen 游泳 / boxen 拳击 / klettern 攀岩。

▶ Übungen

1. **Was machen Sie gern in der Freizeit? Sortieren Sie folgende Freizeitbeschäftigungen und Sportarten. Zu welchem Bereich passen sie?** 您在空闲时间喜欢做什么？请将下列运动项目和业余活动按要求归类。

> Gymnastik machen — Fußball spielen — Zeitung lesen — Fahrrad fahren — in den Park gehen — Violine spielen — Ski fahren — im Garten arbeiten — Yoga machen — schwimmen — ins Kino gehen — spazieren gehen — im Chor singen — ins Museum gehen — joggen — Karten spielen — Golf spielen — Musik hören — Computerspiele spielen — wandern — zusammen kochen — Briefmarken sammeln

a) Sport：_____

_____

d) Natur：_____

_____

c) Kultur：_____

_____

d) Musik：_____

_____

e) Familie und Freunde：_____

_____

2. **Ergänzen Sie. Achten Sie auf die korrekte Form.** 请选择合适的词并用其正确形式填空。

> gewinnen — für × 2 — Fitness-Studio — trainieren — Sporthalle — gegen — Sportart treiben — stehen — Verein — Sportplatz — Stadion

a) + Welche _____ _____ du gern?

  * Ich rudere gern.

  + Ruderst du im _____ der Uni?

  * Ja，wir _____ zweimal in der Woche.

b) + Ich habe noch eine Karte _____ das Spiel des FC Bayern München _____

Werder Bremen. Hast du Lust mitzugehen?

* Super，gern!

c) + Hast du gestern Abend das Spiel im Fernsehen gesehen? Wer hat _____?

* Bayern München.

+ Wie _____ es?

* 3 : 1 _____ Bayern München.

d) Das neue Fußball-_____ in Beijing heißt „Vogelnest".

e) Viele Studenten machen gerne Sport in der Freizeit. Sie joggen auf dem _____ , spielen Badminton in der _____ oder machen Gymnastik im _____ .

3. **Ergänzen Sie. Achten Sie auf die korrekte Form. 请选择合适的词并用其正确形式填空。**

> ~~Wochenende~~ — spazieren gehen — Spaß machen — Rad fahren — sich interessieren für — lesen — sich treffen — Restaurant — gefallen — Theater — chatten — Musik hören — ausgehen — Bar — gehen — surfen — Kino — ausschlafen

+ Was machen Sie gern am W*ochenende*?

* Am Wochenende möchte ich vor allem gut a_____. Am Vormittag l_____ ich Zeitungen，denn ich i_____ _____ _____ aktuelle Ereignisse in der ganzen Welt. Nach dem Mittagessen g_____ ich s_____ oder f_____ manchmal R_____. Ich t_____ _____ auch gerne mit Freunden，meistens am Abend. Wir g_____ ins K_____ , ins T_____ , in eine B_____ oder in ein leckeres R_____. Wir können über alles reden. Das m_____ mir S_____. Oder ich g_____ nicht _____ , sondern bleibe zu Hause. Ich s_____ und c_____ viel im Internet. Bevor ich ins Bett gehe，h_____ ich gerne M_____. Mir g_____ klassische Musik.

15　Frauen

die Mutter 母亲	studieren 上大学
die Hausfrau 家庭主妇	emanzipiert sein 解放的
berufstätige Frau 职业女性	die Frauenemanzipation 妇女解放运动
berufstätig sein 在职的，有工作的	selbstständig 独立的，自主的
die Karrierefrau 女强人	unabhängig 独立的，不依赖的
Geld verdienen 挣钱	der Schwangerschaftsurlaub 产假
arbeiten 工作	der Erziehungsurlaub 育儿假
Karriere machen 在事业上功成名就	die Teilzeit 非全日制
Kinder erziehen 教育孩子	die Vollzeit 全日制
Hausarbeit machen 做家务	alleinerziehend 单亲的
Wäsche waschen 洗衣服	die Partnerschaft 伴侣关系
zu Hause bleiben 待在家里	das Gleichgewicht 平衡
abhängig sein von 依赖于……的	die Balance 平衡
kochen 烧饭，做菜	der Respekt 尊敬
die Wohnung aufräumen 整理房间	die Diskriminierung 歧视
Urlaub machen 度假	

▶ **Übungen**

1. **Setzen Sie die passenden Wörter in die Lücken ein. Achten Sie auf die korrekte Form.** 请选择合适的词并用其正确形式填空。

> Erziehungsurlaub — alleinerziehend — Hausfrau — Frauenemanzipation — berufstätig — Karrierefrau — Gleichgewicht — Schwangerschaftsurlaub

a) Eine _____ Frau arbeitet oft Vollzeit oder Teilzeit in einem Unternehmen oder einer Organisation.

b) Meine Oma war immer eine _____, die sich um den Haushalt und die Kinder gekümmert hat.

c) Angela Merkel ist eine erfolgreiche _____, die 16 Jahre lang als Bundeskanzlerin von Deutschland tätig war.

d) Viele Eltern nehmen _____, um Zeit mit ihren Kindern zu verbringen.

e) Viele Frauen streben heute ein Leben zwischen Beruf und Familie an, aber es kann schwierig sein, ein _____ zwischen Arbeit und Familie zu finden.

f) Anna ist schwanger und plant, in den _____ zu gehen, wenn das Baby geboren ist.

g) _____ hat dazu beigetragen, dass Frauen heute mehr Möglichkeiten im Beruf haben.

h) Eine _____ Mutter kann heute alleine eine Familie gründen und die Kinder erziehen.

2. **Setzen Sie die passenden Wörter in die Lücken ein. Achten Sie auf die korrekte Form.** 请选择合适的词并用其正确形式填空。

> selbstständig — Partnerschaft — Balance — ~~Geld verdienen~~ — Kinder erziehen — vereinbaren — Herausforderung — Hausarbeit machen — Teilzeit — Vollzeit

Es gibt viele Frauen, die G*eld verdienen* möchten, aber auch K_____ _____ und H_____ _____ müssen. Es kann eine H_____ sein, alles unter einen Hut zu bringen. Einige Frauen entscheiden sich dafür, s_____ zu arbeiten oder in T_____ zu arbeiten, um Zeit für ihre Kinder und ihre Familien zu haben. Andere Frauen arbeiten lieber V_____ und teilen sich die Verantwortung für Hausarbeit und Kindererziehung mit ihrem Partner. Eine gute P_____ ist wichtig und kann dabei helfen, die B_____ zwischen Arbeit und Familie zu finden. Es ist jedoch nicht immer einfach, Familie und Arbeit gut zu v_____, aber es ist möglich, wenn man sich Zeit nimmt und Prioritäten setzt.

3. **Schreiben Sie das passende Wort in die Lücken.** 请选择正确的词填空。

a) Viele Frauen wollen Karriere _____ (vorantreiben / zurückhalten), bevor sie heiraten.

b) Eine Frau, die alleine lebt, möchte ihre _____ (Unabhängigkeit / Abhängigkeit) bewahren.

c) Es sollte keine gesellschaftlichen _____ (Erwartungen / Enttäuschungen) geben, die eine Frau dazu drängen, zu heiraten.

d) Jede Frau sollte das Recht haben, ihr Leben so zu _____ (gestalten / begrenzen), wie sie es für richtig hält.

e) Manche Frauen leben alleine, weil sie noch nicht ihren richtigen Partner _____ (getroffen / vermisst) haben und nicht unter gesellschaftlichem Druck einen Mann heiraten möchten, den sie nicht lieben.

f) Obwohl es in einigen Kulturen als ungewöhnlich angesehen wird, alleine zu leben, sollte eine Frau immer ihr eigenes _____ (Lebensmodell / Schicksal) wählen können.

g) Frauen sollten in der Lage sein, ihre eigenen _____ (Entscheidungen / Regeln) zu treffen, wenn es um das Heiraten geht.

h) Es ist wichtig, dass Frauen _____ (Respekt / Diskriminierung) erhalten, egal ob sie heiraten oder alleine leben.

i) Die Entscheidung, zu heiraten oder alleine zu leben, ist _____ (persönlich / irrelevant) und sollte von anderen mit Respekt behandelt werden.

j) Manchmal kann eine Frau, die alleine lebt, mehr _____ (Freiheit / Einschränkungen) haben, um ihre Träume zu verfolgen und ihre Ziele zu erreichen.

16 Kinder und Jugendliche

die Schule, -n 学校,(中、小)学

der Schüler / die Schülerin (中、小)学生

in die Schule gehen 上学

die Schule besuchen 上学

die Grundschule，-n 小学

die Mittelschule，-n 中学

die Hauptschule，-n 普通中学

die Realschule，-n 中级中学,实科中学

das Gymnasium，die Gymnasien（*Pl.*）文理中学,高级中学

das Abitur 文理中学高中毕业考试

die Gesamtschule，-n 综合性学校

eine Lehre machen 做学徒

eine Berufsausbildung machen 接受职业培训

der/die Auszubildende, -n

（＝der/die Azubi，-s）接受职业培训者

der Lehrling，-e 学徒

die Schulzeit 学生时代

das Schulfach，¨ er（中、小)学科目

die Prüfung，-en 考试

der Test, -s 测验

die Note, -n 分数

das Zeugnis, -se 成绩单

lernen 学习

studieren（大学)学习;研究;仔细看

der Abiturient，-en / die Abiturientin，-nen 文理高中毕业生

der Praktikant，-en / die Praktikantin，-nen 实习生

der Student，-en / die Studentin，-nen 大学生

durchfallen（考试)失败,不及格

sitzenbleiben 留级

chatten（网上)聊天

Popmusik hören 听流行音乐

Musik herunterladen 下载音乐

einen Beruf wählen 选择一份职业

sich verlieben 恋爱

flirten 调情;表露好感

träumen 做梦,梦想

Computerspiele spielen 玩电脑游戏

ins Internetcafé gehen 去网吧

▶ Übungen

1. **Füllen Sie die Lücken im Text mit den passenden Informationen aus den fogenden Wörtern.** 请从下列词汇中选择合适的信息,将短文补充完整。

> Schulsystem — Grundschule — Hauptschule — Realschule — Gymnasium — Gesamtschulen — Empfehlung — Berufsausbildung — studieren — lernen — obligatorisch — Abitur

Das Schulsystem in Deutschland ist in verschiedene Stufen unterteilt. Die erste Stufe ist die G_____, die in der Regel 4 Jahre dauert und für alle Kinder o_____ ist. Hier l_____ die Kinder die Grundlagen wie Lesen, Schreiben und Rechnen.

Nach dem Abschluss der Grundschule hängt die Entscheidung darüber, welche Art von Schule ein Kind besuchen wird, von der E_____ der Lehrer und der Eltern ab. Es gibt verschiedene Arten von Schulen zur Auswahl, wie Hauptschule, Realschule, Gymnasium und Gesamtschule.

Die H_____ dauert in der Regel 5 Jahre und bietet praktische und berufsvorbereitende Ausbildung an. Anschließend können Schüler und Schülerinnen eine Berufsausbildung machen.

Eine andere Möglichkeit ist, die R_____ zu besuchen, die 6 Jahre dauert. Hier wird eine breitere und anspruchsvollere Bildung vermittelt. Nach dem Abschluss können Schüler und Schülerinnen auch eine B_____ machen oder auf das Gymnasium wechseln.

Das G_____ ist die höchste Schulform in Deutschland und dauert 8-9 Jahre. Hier wird eine allgemeine Hochschulbildung vermittelt, welche die Schüler und Schülerinnen auf ein Studium an einer Universität oder Fachhochschule vorbereitet. Am Ende der 12./13. Klasse können Schüler oder Schülerinnen das A_____ ablegen, um an einer Universität zu s_____.

Es gibt auch G_____, die alle Bildungsgänge unter einem Dach vereinen. Hier können Schüler und Schülerinnen unterschiedlicher Bildungsabschlüsse in der gleichen Klasse lernen.

Egal für welche Art von Schule man sich entscheidet, Lernen ist der Weg zum Erfolg. Das S_____ in Deutschland bietet viele Möglichkeiten für eine erfolgreiche Karriere und eine breite Bildung.

2. **Setzen Sie die passenden Wörter in die Lücken ein. Achten Sie auf die korrekte Form.** 请选择合适的词并用其正确形式填空。

Zeugnis — durchfallen — Note — sitzenbleiben — Notensystem — schlecht

In Deutschland wird in der Regel ein _____ von 1 bis 6 verwendet. Anders als in China ist die 1 in Deutschland die beste _____ (sehr gut) und die 6 die _____ (ungenügend). Mit einer Note, die schlechter ist als eine 4 (ausreichend), ist man _____. Wenn man eine 6 oder mehr als zwei Fünfen (mangelhaft) im _____ erhalten hat, _____ man _____, das heißt, man muss das Schuljahr wiederholen.

3. Bilden Sie bitte Sätze mit den passenden Informationen. 请选择合适的信息造句。

> studieren — das Abitur machen — eine Berufsausbildung machen — in die Schule gehen — ein Praktikum machen

a) Der Abiturient / Die Abiturientin _____

b) Der Student / Die Studentin _____

c) Der Schüler / Die Schülerin _____

d) Der Praktikant / Die Praktikantin _____

e) Der Auszubildende / Die Auszubildende _____

4. Vervollständigen Sie die folgenden Sätze mit den richtigen Wörtern und achten Sie auf die korrekte Form. 请选择合适的词并用其正确形式将句子补充完整。

> Popmusik — Fächer — Mathematik — Computerspiele — Universität — Noten — Internetcafé — flirten — Abitur — träumen — Hausaufgaben — Schüler — Beruf — chatten — Schulzeit — herunterladen — Rechnen

a) Viele S_____ machen sich Sorgen um ihre N_____.

b) In der S_____ müssen Schüler viele F_____ lernen, wie z. B. Mathematik, Deutsch und Englisch.

c) M_____ ist ein Fach, das oft schwierig für Schüler ist, weil es viel R_____ erfordert.

d) Für viele Schüler ist das A_____ eine wichtige Prüfung, die ihre Zukunft beeinflussen kann.

e) Nach dem Abitur können Schüler an der U_____ studieren, um einen Abschluss zu machen.

f) Viele Schüler machen regelmäßig H_____, um ihre Noten zu verbessern.

g) Viele Jugendliche c_____ regelmäßig mit ihren Freunden auf sozialen Netzwerken.

h) Viele Jugendliche lieben es, P_____ auf ihr Handy h_____ zu _____, um die neuesten Hits zu kennen.

i) Sarah ist verliebt und f_____ mit ihrem Freund, wenn sie sich in der Stadt treffen.

j) Einen B_____ zu wählen, der den eigenen Interessen und Fähigkeiten entspricht, ist wichtig für die persönliche Entwicklung.

k) In ihrer Freizeit t_____ viele Jugendliche davon, berühmt, erfolg und reich zu werden.

l) C_____ sind bei vielen Jugendlichen eine beliebte Freizeitbeschäftigung.

m) Einige Jugendliche gehen gerne ins I_____, um dort zu surfen oder Online-Spiele zu spielen.

17 China

Fakten über China 中国国情常识

China 中国

das Chinesisch 中文

der Chinese / die Chinesin 中国人

das Asien 亚洲

die Fläche，-n 面积

km² = Quadratkilometer 平方公里

die Hauptstadt，﹕e 首都

die Bevölkerung 居民，人口

der Einwohner，- 居民

die Provinz，-en 省

die Regierung，-en 政府

die Wirtschaft 经济

der Yangtze Fluss 长江

der Gelbe Fluss 黄河

das Gebirge，- 山脉，丛山

der Berg，-e 山

der Mount Qomolangma 珠穆朗玛峰

das Himalaya-Gebirge 喜马拉雅山脉

die Insel，-n 岛屿

das Mandarin 普通话

die Reform- und Öffnungspolitik 改革开放政策

die Seidenstraßeninitiative "一带一路"（倡议）

chinesische Kultur 中国文化

die Tradition，-en 传统

die Kultur，-en 文化

die Kalligraphie，-n 书法

chinesische Malerei 中国画

chinesisches Porzellan 中国瓷器

die Peking-Oper 京剧

die Seide，-n 丝绸

der Tee 茶，茶叶

das Schriftzeichen，- 文字

die Akupunktur，-en 针灸

Yin und Yang 阴阳

das Tai Chi 太极（拳）

chinesisches Tierkreiszeichen 中国生肖

der Konfuzianismus 孔学，儒家学说

Sehenswürdigkeiten 名胜古迹

die Große Mauer 长城

die Verbotene Stadt 故宫，紫禁城

der Sommerpalast 颐和园

der Himmelstempel 天坛

die Terrakotta-Armee 兵马俑

Feiertage und Feste 节日

das Frühlingsfest 春节

das Laternenfest 元宵节

das Qingming-Fest 清明节

das Drachenbootfest 端午节

das Mondfest 中秋节

das Chongyang-Fest 重阳节

der Brauch，﹕e 风俗习惯，习俗

Klima 气候

mild 温和的

heiß 热的

kalt 冷的

warm 暖和的

kühl 凉爽的

trocken 干燥的

feucht 潮湿的

schwül 闷热的

▶ **Übungen**

1. **Lesen Sie den Text über China und vervollständigen Sie die Lücken mit den folgenden Wörtern. 请阅读下列短文,并用所给的词将文章补充完整。**

> Reform- und Öffnungspolitik — Kalligraphie — die Verbotene Stadt — Ostasien — der Gelbe Fluss — die Seidenstraßeninitiative — Fläche — Mount Qomolangma — Bevölkerung — Peking-Oper

China ist ein faszinierendes Land in O_____ mit einer reichen Kultur und langen Traditionen, die bis heute fortbestehen. Das Land hat eine F_____ von rund 9,6 Millionen Quadratkilometern und eine B_____ von über 1,4 Milliarden Menschen. Die chinesische Kultur ist bekannt für ihre K_____, chinesische Malerei, chinesisches Porzellan und die P_____. Der Yangtze Fluss und d_____ sind die wichtigsten Flüsse in China, während der M_____ im Himalaya-Gebirge liegt, das sich durch China erstreckt. Die Große Mauer und d_____ in Peking gehören zu den bekanntesten kulturellen Sehenswürdigkeiten des Landes. China verfolgt seit den 1970er Jahren eine R_____, die zu einem enormen wirtschaftlichen Wachstum geführt hat. D_____, ein gigantisches Infrastrukturprojekt, soll den Handel und die Zusammenarbeit zwischen China und anderen Ländern fördern und verbessern.

2. **Ordnen Sie den folgenden Beschreibungen das passende chinesische Fest zu. Jedes Fest wird nur einmal verwendet. 选择对应的节日描述,并将其序号填到横线上。**

> das Frühlingsfest _____　　　das Drachenbootfest _____
>
> das Laternenfest _____　　　das Mondfest _____
>
> das Qingming-Fest _____　　　das Chongyang-Fest _____

A. Man feiert das Fest am 15. Tag des achten Monats des chinesischen Kalenders, um den Vollmond zu feiern, Mondkuchen zu essen und mit der Familie zu sein.

B. Man feiert das Fest am 5. Tag des fünften Monats des chinesischen Kalenders, um den berühmten Dichter Qu Yuan zu ehren und das Rennen von Drachenbooten zu veranstalten.

C. Man feiert das Fest am 15. Tag des ersten Monats des chinesischen Kalenders, um das Ende der Neujahrsfeierlichkeit zu markieren. Das Fest ist bekannt für seine bunt beleuteten Laternen und die traditionellen Aktivitäten wie das Essen von Klebreisklößchen und das Erraten von Rätseln an den Laternen.

D. Das wichtigste chinesische Fest, das am ersten Tag des chinesischen Kalenders gefeiert wird

E. Man feiert das Fest am 4. oder 5. April, um die Verstorbenen zu ehren und ihre Gräber zu besuchen.

F. Man feiert das Fest am neunten Tag des neunten Monats des chinesischen Kalenders, um die älteren Menschen zu ehren und die chinesischen Chrysanthemenblüten zu genießen.

3. **Ordnen Sie die Wörter den passenden Bedeutungen zu.** 请选择对应的描述，并将其序号填到横线上。

der Panda _____	die Akupunktur _____
die Terrakotta-Armee _____	die Große Mauer _____
Yin und Yang _____	der Tee _____
die Seidenstraße _____	der Drache _____
Shanghai _____	das Mandarin _____
Tai Chi _____	der Konfuzianismus _____

A. ein chinesisches Tierkreiszeichen

B. eines der beliebtesten chinesischen Getränke

C. chinesisches Symbol für Gleichgewicht

D. traditionelle chinesische Medizin und eine Technik zur Schmerzlinderung

E. eine Armee von Tonkriegern aus dem alten China

F. eine alte Handelsroute zwischen China und Europa

G. chinesisches Nationaltier mit schwarz-weißem Fell

H. eine traditionelle chinesische Kampfkunst

I. eine große Stadt in China，die für ihr beeindruckendes Stadtbild bekannt ist

J. die offizielle Sprache Chinas

K. eine der längsten und bekanntesten Mauern der Welt

L. eine der chinesischen Philosophien

4. **Lesen Sie den folgenden Text über China und vervollständigen Sie die Lücken mit den richtigen Wörtern. Achten Sie bitte auf die korrekte Form.** 阅读下列国情短文，选择合适的词并用其正确形式填空。

Bevölkerungsdichte — Höhe — Yangtze — Provinz — Taiwan — Peking — Shanghai — Berg — Ostasien — kalt — Einwohner — warm — Quadratkilometer — Himalaya — Fläche

China liegt in _____. Es hat eine riesige Fläche von 9，6 Millionen _____. China hat auch eine hohe Anzahl von _____ — rund 1，4 Milliarden Menschen leben hier. Die Hauptstadt von China ist _____.

China ist in viele _____ aufgeteilt，die verschiedene Teile des Landes abdecken. Zu den größten Städten Chinas gehören _____，Peking（auch bekannt als Beijing），Guangzhou und Shenzhen. Diese Städte haben eine hohe _____ und sind wichtige wirtschaftliche und kulturelle Zentren in China.

Die längsten Flüsse in China sind der _____ Fluss（6363 km）und der Gelbe Fluss（5464 km）. Die größte Insel Chinas ist _____ mit einer _____ von etwa 36 013 Quadratkilometern.

China hat auch hohe _____ und Gebirge. Der _____ ist nicht nur das höchste Gebirge in China，sondern auch auf der ganzen Welt. Und der Mount Qomolangma，der sich im Himalaya befindet，ist mit einer _____ von 8848 Metern der höchste Berg der Welt.

Das Klima in China ist unterschiedlich，je nachdem，wo man sich im Land befindet. In manchen Teilen kann es sehr _____ sein，in anderen Teilen kann es _____ sein. China ist ein vielfältiges Land mit vielen interessanten Orten zu entdecken.

18 Deutschland

Deutschland 德国	die Fußball-Weltmeisterschaft
das Deutsch 德语	世界杯足球赛
der Deutsche / die Deutsche 德国人	das Oktoberfest 慕尼黑啤酒节
das Europa 欧洲	der Zweite Weltkrieg 第二次世界大战
die Hauptstadt，⸚e 首都	die Alliierten 同盟国
das Bundesland，⸚er 联邦州	die Besatzungszone 占领区
das Brandenburger Tor 勃兰登堡大门	die Währungsreform 货币改革
die Berliner Mauer 柏林墙	die Bundesrepublik Deutschland（BRD）
der Rhein 莱茵河	德意志联邦共和国
die Alpen（Pl.）阿尔卑斯山脉	die Deutsche Demokratische Republik
die Zugspitze 楚格峰	（DDR）德意志民主共和国
das Schloss Neuschwanstein 新天鹅城堡	Westdeutschland 西德
der Kölner Dom 科隆大教堂	Ostdeutschland 东德
die Currywurst 咖喱香肠	das Wirtschaftswunder 经济奇迹
die Autobahn 高速公路	die Wiedervereinigung（重新）统一

▶ **Übungen**

1. **Ergänzen Sie die Lücken im folgenden Text mit richtigen Wörtern. 请选择合适的词，将下列空格补充完整。**

> 16 — Oktoberfest — Hauptstadt — Mitteleuropa — Bevölkerung — Neuschwanstein — Dom — Euro — Currywurst

Deutschland ist ein Land in _____. Es hat eine _____ von mehr als 84 Millionen Menschen und ist in _____ Bundesländer unterteilt. Die _____ Deutschlands ist Berlin und die Währung ist der _____. Deutsche Spezialitäten sind zum Beispiel die _____, das Bier und die Schwarzwälder Kirschtorte. In Deutschland gibt es viele Feste, wie das _____ in München. Deutschland ist auch bekannt für seine Sehenswürdigkeiten, wie den Kölner _____ und das Schloss _____ in der Nähe von München.

2. Ergänzen Sie die Lücken mit den passenden Wörtern. 请选择合适的词, 将下列句子补充完整。

> Bier — Oktoberfest — Brandenburger Tor — Rhein — Schwarzwälder Kirschtorte —
> Berliner Mauer — Autobahn

a) Das _____ ist ein bekanntes Wahrzeichen in Berlin.

b) Die _____ war eine berühmte Grenzmauer in Berlin.

c) Viele glauben, dass das _____ in München das größte Volksfest der Welt ist.

d) Die _____ ist eine bekannte Kuchenspezialität aus dem Schwarzwald.

e) Die _____ ist berühmt für ihre schnellen und unbegrenzten Geschwindigkeiten.

f) In Deutschland ist das _____ eins der beliebtesten Getränke.

g) Der _____ ist ein bekannter Fluss in Deutschland.

3. Ordnen Sie die folgenden Ereignisse der deutschen Geschichte in chronologischer Reihenfolge. 请将下列德国的历史事件按年代顺序排列。

a) die Wiedervereinigung Deutschlands

b) der Zweite Weltkrieg

c) der Mauerbau in Berlin

d) die deutsche Einigung unter Bismark

e) der Fall der Berliner Mauer

f) zwei deutsche Staaten

g) die Währungsreform

h) das Wirtschaftswunder

4. Ergänzen Sie die Lücken im folgenden Text mit richtigen Wörtern. Achten Sie auf die korrekte Form. 请选择合适的词并用其正确形式填空。

> Bundesrepublik Deutschland — Deutsche Demokratische Republik — glücklich —
> Alliierte — Berliner Mauer — Nationalfeiertag — Besatzungszone — 3. Oktober —
> Wiedervereinigung

Die deutsche W_____ war ein sehr wichtiger Moment in der Geschichte Deutschlands. Nach dem Zweiten Weltkrieg wurde Deutschland von den A_____ in vier B_____ aufgeteilt. Später wurden die westlichen Zonen zur B_____ (BRD) und die östliche Zone zur D_____ (DDR). Auch Berlin wurde in zwei Teile aufgeteilt. Die beiden Teile waren durch die B_____ voneinander getrennt.

Am _____ 1990 wurden die beiden deutschen Staaten wieder vereint. Dies war ein sehr g_____ Tag für viele Menschen in Deutschland. Familien und Freunde, die jahrelang getrennt waren, konnten sich endlich wiedersehen. Dieser Tag wird jedes Jahr als Tag der Deutschen Einheit gefeiert. Es ist ein N_____ und die Menschen haben frei.

19 Berufe

die Arbeit, -en 工作

der Beruf, -e 职业

der Job, -s （临时）工作，短工

die Karriere, -n 职业生涯

Karriere machen 平步青云，功成名就

die Firma, ...men 公司

das Stellenangebot 工作机会；招聘信息

die Bewerbung 申请，求职

der Lebenslauf, ∸e 简历，履历

der Arbeitsvertrag, ∸e 劳动合同

das Gehalt, ∸er 薪水，工资

der Lohn, ∸e 工资，报酬

die Arbeitszeit 工作时间

der Arbeitsplatz, ∸e 工作岗位

der Kollege, -e / die Kollegin, -nen 同事

der Vorgesetzte / die Vorgesetzte, -n 上司

das Team, -s 团队

die Dienstleistung, -en 服务性行业，服务性工作

die Berufserfahrung, -en 工作经验

die Arbeitslosigkeit 失业

die Weiterbildung 进修

das Praktikum, ...ka 实习

die Probezeit 见习期，试用期

die Kündigung 解雇，解约

selbstständig sein 独立经营的

angestellt sein 受雇佣的

halbtags arbeiten 半日制工作

ganztags arbeiten 全日制工作

flexible Arbeitszeit 灵活的工作时间

Kontakt zu Menschen 与人的接触

etwas Neues entwickeln 开发新事物

kreativ sein 有创造力的

herausfordern 向……挑战

anstrengende, schwere Arbeit 艰苦的、繁重的工作

leichte Arbeit 轻松的工作

ein sicherer Arbeitsplatz 一个稳定的工作岗位

Überstunden machen 加班

wenig Stress haben 压力小

nette Kollegen haben 有和善的同事

motiviert sein 有动力的

das Arbeitsumfeld 工作环境

die Work-Life-Balance 工作与生活的平衡

▶ **Übungen**

1. **Ergänzen Sie die Lücken mit den passenden Wörtern.** 请选择合适的词并用其正确形式填空。

> Team — Karriere — Stellenangebot — Probezeit — Ausbildung — Gehalt — Firma — Weiterbildung — Bewerbung — Kollegen — Arbeitslosigkeit — Arbeitsvertrag — Praktikum

a) Ich arbeite eng mit meinen _____, um unsere Projekte erfolgreich abzuschließen.

b) Ich habe vor kurzem meine _____ abgeschickt, aber noch keine Antwort erhalten.

c) Als Angestellter bekomme ich ein monatliches _____.

d）Vor meiner Festanstellung habe ich ein _____ gemacht.

e）Während meiner _____ habe ich hart gearbeitet，um meinen neuen Arbeitgeber davon zu überzeugen，dass ich die richtige Person für die Stelle bin.

f）In meinem neuen _____ steht，dass ich wöchentlich 40 Stunden arbeiten muss.

g）Ich arbeite in einem _____，das sich auf Kundenberatung spezialisiert hat.

h）Nach meiner _____ als Bürokauffrau habe ich bei einer großen _____ angefangen zu arbeiten.

i）Ich bin sehr ehrgeizig und möchte eine erfolgreiche _____ machen.

j）Leider wurde ich aufgrund von Personalabbau in meiner letzten Firma von _____ betroffen.

k）Ich habe vor kurzem ein _____ als Webdesigner gefunden，das perfekt zu meinen Fähigkeiten passt.

l）Ich denke darüber nach，eine _____ im Bereich Marketing zu absolvieren，um meine Kenntnisse zu erweitern.

2. Ordnen Sie die folgenden Tätigkeiten den Berufsbezeichnungen zu. 请将下列职业名称与工作内容一一对应，填入合适的序号。

a）Ein Arzt ____
b）Ein Architekt ____
c）Eine Deutschlehrerin ____
d）Ein Apotheker ____
e）Eine Ingenieurin ____
f）Ein Programmierer ____
g）Ein Philosoph ____
h）Ein Wirtschaftsmathematiker ____
i）Eine Juristin ____
j）Eine Sekretärin ____
k）Ein Friseur ____
l）Eine Kindergärtnerin ____
m）Ein Automechaniker ____
n）Eine Krankenschwester ____
o）Ein Kellner ____
p）Ein Bauer ____
q）Ein Kurier ____
r）Eine Redakteurin ____
s）Ein Journalist ____
t）Ein Verkäufer ____

1. schreibt Code und programmiert Software.
2. verwaltet Dokumente und Termine für Vorgesetzte.
3. pflegt und behandelt kranke Menschen.
4. baut Nutzpflanzen an und erntet sie.
5. plant und entwirft Gebäude.
6. schreibt Nachrichtenartikel und Reportagen.
7. liefert Pakete und Sendungen aus.
8. redigiert und überarbeitet Texte.
9. unterrichtet Deutsch.
10. verschreibt Medikament und behandelt Patienten.
11. entwickelt und konstruiert technische Lösungen.
12. verkauft Medikamente und berät Kunden.
13. betreut Kinder im Vorschulalter.
14. denkt über philosophische Fragen und Ideen nach.
15. vertritt Klienten vor Gericht in rechtlichen Angelegenheiten.
16. wendet mathematische Methoden auf wirtschaftliche Probleme an.
17. schneidet，stylt und frisiert Haare.

18. verkauft Waren und Produkte an Kunden.

19. serviert Essen in einem Restaurant.

20. repariert Autos.

3. Ergänzen Sie die Lücken im folgenden Text mit richtigen Wörtern. Achten Sie auf die korrekte Form. 请选择合适的词并用其正确形式填空。

> sicher — Arbeitsumfeld — Stress — Kontakt — kreativ — selbstständig — Überstunden — anstrengend — ganztags — reduzieren — flexibel — motiviert — herausfordern

Ein guter Arbeitsplatz ist für mich ein Ort, an dem ich mich wohlfühle und m_____ bin. Ich denke, es hängt davon ab, welche Prioritäten man hat. Für manche Menschen ist es wichtig, s_____ zu sein, während andere lieber angestellt sein möchten. Ich persönlich bevorzuge eine Halbtags-oder G_____ anstellung mit einer f_____ Arbeitszeit, die mir die Möglichkeit gibt, meine Arbeit an meine Bedürfnisse anzupassen.

Es ist auch wichtig für mich, K_____ zu Menschen zu haben und etwas Neues zu entwickeln oder k_____ zu sein. Ich mag es, an Projekten zu arbeiten, die mich h_____ und meinen Geist anregen. Allerdings sollte der Arbeitsplatz nicht zu a_____ sein, und es sollte auch leichte Arbeit geben, um die körperliche Belastung zu r_____.

Ein weiterer wichtiger Faktor für mich ist die Sicherheit meines Arbeitsplatzes. Es ist beruhigend zu wissen, dass man einen s_____ Arbeitsplatz hat und dass Ü_____ nicht erforderlich sind, um den Job zu behalten. Wenig S_____ und nette Kollegen und ein netter Chef sind ebenfalls wichtig, weil sie das A_____ angenehmer und produktiver machen.

Zusammenfassend kann ich sagen, dass ein guter Arbeitsplatz für mich ein Ort ist, an dem ich mich wohl und sicher fühle und an dem ich meine Fähigkeiten einsetzen und weiterentwickeln kann. Es sollte ein Ort sein, an dem ich kreativ sein und gleichzeitig eine gute Work-Life-Balance haben kann.

der Arzt, ∸ e/ die Ärztin, -nen 医生

das Krankenhaus, ∸ er 医院

die Krankenschwester / der Krankenpfleger 护士

die Praxis, . . . xen 诊所

der Termin, -e（诊疗等的）约定时间

die Krankheit, -en 病，疾病

das Symptom, -e 病状，症状

die Impfung 注射疫苗

die Wunde, -n 伤口，创口

die Medizin, -en 医学，药品

das Medikament, -e 药物，药品，药剂

die Tablette, -n 药片

Tabletten nehmen 吃药，服药

Spritzen bekommen （病人被）打针

das Rezept, -e 药方，处方

die Verschreibung, -en 药方，处方

die Krankschreibung 开病假；病假单

die Nebenwirkung, -en 副作用

die Apotheke, -n 药房，药店

die Krankenversicherung 医疗保险

die elektronische Gesundheitskarte, -n 医疗保险卡

das Quartal, -e 季度

das Wartezimmer, - 候诊室

die Ausbreitung 传播，扩散

die Infektion, -en 传染，感染

der Abstand, ∸ e 间隔，距离

das Virus, . . . ren 病毒

die Pandemie, -n 疫情，大流行病

die Hygiene 清洁卫生

Körperteile 人体各部位

der Kopf, ∸ e 头，脑袋

das Haar, -e 头发，毛发

das Auge, -n 眼睛

die Nase, -n 鼻子

das Ohr, -en 耳朵

der Mund, ∸ er 嘴，口

der Hals, ∸ e 颈，脖子

die Schulter, -n 肩膀

der Arm, -e 手臂

der Bauch, ∸ e 肚子

der Rücken, - 背

die Hand, ∸ e 手

der Finger, - 手指

das Bein, -e 腿

das Knie, - 膝盖

der Fuß, ∸ e 脚

der Hintern, - 屁股，臀部

der Zahn, ∸ e 牙齿

das Herz, -en 心，心脏

die Lunge, -n 肺

der Magen, ∸ 胃

die Haut, ∸ e 皮肤

das Blut 血液

der Knochen, - 骨

der Muskel, -n 肌肉

der Daumen, - 拇指

die Zehe, -n 脚趾

die Ferse, -n 脚后跟

Krankheiten und Symptome 疾病与症状

eine Erkältung haben 着凉，感冒

eine Grippe haben 患上流行性感冒

eine Lungenentzündung haben 得肺炎

Husten haben 咳嗽

Schnupfen haben 流鼻涕

Bluthochdruck haben 有高血压

Durchfall haben 腹泻

Verstopfung haben 便秘

Fieber haben 发烧

eine Fußverletzung haben 脚受伤

Bauchschmerzen haben 肚子疼

sich den Arm brechen 手臂摔断（骨折）

sich erbrechen 呕吐

medizinische Tätigkeiten 医疗活动

Lunge und Herz abhören 听肺和心脏

Fieber messen / die Temperatur messen 量体温

den Blutdruck messen 量血压

Blut abnehmen und untersuchen 抽血并化验

den Patienten röntgen 为患者拍 X 光片

in den Hals schauen 检查喉咙

Medikamente verschreiben 开药

jm. eine Spritze geben （医护人员给病人）打针

den Puls fühlen 摸脉搏

operieren 做手术，给……动手术

Redemittel beim Arzttermin 看病时的常用表达

die Ärztin / der Arzt：

+ Was fehlt Ihnen? 您有什么不舒服？ / Welche Beschwerden haben Sie? 您有什么症状？ / Wo haben Sie Schmerzen? 您哪里疼？ / Tut Ihnen das weh? 您这里疼吗？

+ Machen Sie den Mund auf und sagen Sie „aaa"! 请把嘴巴张开，说"啊"！

+ Machen Sie den Oberkörper frei! 请您脱掉上衣！ / Machen Sie sich bitte frei! 请您脱掉衣物！ / Ziehen Sie sich bitte aus! 请您脱掉衣物！

+ Legen Sie sich bitte aufs Bett! 请您躺到床上！

+ Ich schreibe Ihnen ein Rezept. 我给您开个处方。

+ Ich schreibe Sie ... Tage krank. 我给您开……天的病假。

+ Nehmen Sie die Tabletten dreimal am Tag vor / nach dem Essen. 每天三次，饭前/饭后吃药。

+ Sie dürfen keinen Alkohol trinken. 您不能喝酒。 / Sie dürfen nicht rauchen. 您不能抽烟。 / Bleiben Sie im Bett. 您得卧床休息。

+ Sie sind erkältet. 您感冒了。 / Sie haben eine Lungenentzündung. 您得了肺炎。

die Patientin / der Patient：

− Ich fühle mich nicht gut. 我感觉不好。 / Mir geht es nicht gut. 我感到不舒服。 / Ich habe Bauchschmerzen. 我肚子疼。 / Mein Knie tut weh. 我膝盖疼。

− Ich brauche eine Krankschreibung für meinen Arbeitgeber. 我需要一张病假单给我的雇主。

− Wie oft / Wann muss ich die Medikamente nehmen? 我该多久吃一次药？ / 我该什么时候吃药？

− Darf ich rauchen? 我可以抽烟吗？ /

− Wann darf ich wieder Sport machen? 我什么时候可以再做运动？ / Wie lange muss ich im Bett bleiben? 我需要卧床休息多久？

Lern-Tipp 学习小贴士

在表示身体某个部位疼痛时，有两种句型可使用：

① „... tut/tun（jm.）weh." 见例句：

Mein Kopf tut weh, weil ich gestern zu lange aufgeblieben bin.

Mein Rücken tut weh, weil ich den ganzen Tag am Schreibtisch gesessen habe.

Die Sportlerin hat sich beim Training verletzt, und das Knie tut ihr sehr weh.

Ihre Beine tun weh, nachdem sie den ganzen Tag gewandert sind.

② „XXX hat/haben ...-schmerzen." 见例句：

Ich habe Kopfschmerzen, deshalb möchte ich heute nicht arbeiten.

Mein Freund hat Zahnschmerzen und muss dringend zum Zahnarzt gehen.

Sie hat Bauchschmerzen, weil sie etwas Schlechtes gegessen hat.

Der Patient hat starke Rückenschmerzen und braucht Schmerzmittel.

Wenn du Halsschmerzen hast, hilft heißer Tee oft.

Mein Bruder hat Ohrenschmerzen und kann nicht gut hören.

Die Wanderung war anstrengend, und jetzt haben wir alle Fußschmerzen.

Der Sportler hat sich beim Training verletzt und hat jetzt Knieschmerzen.

几乎所有身体部位的疼痛都可以用第一种句型来表达。但能用第二种句型来表达疼痛的身体部位多局限于如下几种：

- Augenschmerzen haben
- Halsschmerzen haben
- Bauchschmerzen haben
- Knieschmerzen haben
- Fußschmerzen haben
- Kopfschmerzen haben

- Ohrenschmerzen haben
- Rückenschmerzen haben
- Zahnschmerzen haben
- Herzschmerzen haben
- Magenschmerzen haben

▶ **Übungen**

1. **Vervollständigen Sie die Sätze mit den richtigen Körperteilen. 请选择合适的人体部位名称,将句子补充完整。**

> Magen — Bauch — Hand — Füße — Herz — Lungen — Nase — Mund — Muskeln — Beine — Ohren — Augen — Zahn

a) Ich höre mit meinen _____, sehe mit meinen _____, rieche mit meiner _____ und schmecke mit meinem _____.

b) Meine _____ sind müde, weil ich den ganzen Tag spazieren gegangen bin.

c) Meine _____ sind kalt, ich brauche warme Socken.

d) Ich schreibe einen Brief mit meiner _____.

e) Mein _____ tut weh. Ich muss zum Zahnarzt gehen.

f) Meine _____ mögen frische Luft.

g) Mein _____ schlägt schnell, wenn ich aufgeregt bin.

h) Nach der Arbeit trainiere ich oft im Fitness-Studio, um meine _____ zu stärken.

i) Nach dem Essen habe ich immer einen vollen _____.

j) Mein _____ knurrt vor Hunger, ich sollte etwas essen.

2. **Füllen Sie die Lücken mit den passenden Krankheiten und Symptomen aus. Achten Sie bitte auf die korrekte Form.** 请选择相应的症状和病症名称，并用其正确形式将句子补充完整。

> sich den Arm brechen — husten — Schnupfen — Fieber — Verstopfung — Lungenentzündung — Bluthochdruck — Fußverletzung — Bauchschmerzen — Grippe

a) Eine _____ ist eine schwerere Erkrankung als eine einfache Erkältung.

b) Bei einer _____ kann eine Röntgenaufnahme der Lunge erforderlich sein.

c) Wenn du viel _____ hast, kann das ein Anzeichen für eine Erkältung oder Grippe sein.

d) Personen mit _____ sollten ihren Blutdruck regelmäßig kontrollieren.

e) Wenn du _____, wirst du einen Gipsverband bekommen, um den Arm zu schützen.

f) Wenn du lange Zeit keinen Stuhlgang hattest, leidest du möglicherweise an _____.

g) Ein _____ ist eine normale Reaktion des Körpers auf eine Infektion.

h) Nach einer _____ kann das Gehen schmerzhaft sein.

i) Wenn du starke _____ im Unterleib hast, solltest du einen Arzt aufsuchen.

j) Wenn du _____, ist es wichtig, deinen Mund zu bedecken.

3. **Füllen Sie die Lücken in den Sätzen mit den passenden medizinischen Tätigkeiten. Achten Sie bitte auf die korrekte Form.** 请选择相应的医疗活动名称，并用其正确形式将下列句子补充完整。

> Blut abnehmen und untersuchen — den Blutdruck messen — Medikamente verschreiben — Lunge und Herz abhören — röntgen — operieren — den Puls fühlen — in den Hals schauen — Temperatur messen — eine Spritze geben

a) Wenn du krank bist, kann der Arzt deine _____, um zu sehen, ob du Fieber hast.

b) Nach der Untersuchung wird der Arzt dir _____, um deine Beschwerden zu lindern.

c) Wenn du Husten und Atemprobleme hast, wird der Arzt deine _____, um herauszufinden, was los ist.

d) Wenn du Halsschmerzen hast, wird der Arzt _____, um zu sehen, ob es irgendwelche Infektionen gibt.

e) Die Krankenschwester wird _____, um die Blutwerte zu überprüfen.

f) Der Patient wird _____, um die Bilder von den inneren Organen zu erhalten.

g) Bei einer Impfung wird der Arzt normalerweise _____, um den Schutz vor Krankheiten zu erhöhen.

h) Nach dem Training sollte man _____, um sicherzustellen, dass er sich normalisiert hat.

i) Der Arzt wird _____ regelmäßig _____, um die Gesundheit des Patienten im Auge zu behalten.

j) Der Chirurg wird morgen einen Patienten _____, um das Problem an seinem Bein zu lösen.

4. **Füllen Sie die Lücken mit dem richtigen Wort aus. Achten Sie auf die korrekte Form. Jedes Wort kann nur einmal verwendet werden.** 请选择合适的词并用其正确形式填空，每个词只能选用一次。

> Krankschreibung — Symptome — Erkältung — Rezept — Wartezimmer — Schmerzen — Verschreibung — Gesundheitskarte — Augenschmerzen — Fieber — Nase — Quartal — Wunde — Termin — Verletzung — Tablette — Medikamente

a) Ich habe eine _____ am Arm.

b) Ich habe starke _____ im Rücken. Ich denke, ich muss zum Arzt gehen.

c) Die _____ für diese Medikamente ist bis nächsten Montag gültig.

d) Ich habe seit gestern eine _____ und fühle mich müde.

e) Ich nehme diese _____ gegen meine Allergien ein.

f) Um einen _____ beim Arzt zu bekommen, muss man oft lange im _____ warten.

g) Meine _____ ist verstopft und ich bekomme nicht genug Luft.

h) Ich habe schon seit einer Woche _____ und fühle mich sehr schwach.

i) Ich brauche ein _____ für meine verschriebenen Medikamente.

j) Der Arzt hat mir eine _____ für eine Woche ausgestellt, damit ich mich ausruhen kann.

k) Kann ich bitte meine _____ vorzeigen? Ich bin bei einer neuen Versicherung.

l) Ich habe eine _____ genommen, aber meine Schmerzen sind immer noch da.

m) Der Arzt sagt, ich muss im nächsten _____ wiederkommen, um meine Wunde überprüfen zu lassen.

n) Ich habe oft _____ nach einem langen Arbeitstag am Computer.

o) Die _____ einer Lungenentzündung können Husten, Fieber und Kurzatmigkeit umfassen.

p) Nach seiner _____ musste er eine längere Zeit im Krankenhaus verbringen.

5. **Lesen Sie den Text und vervollständigen Sie die Lücken mit den folgenden Wörtern. Achten Sie auf die korrekte Form.** 请阅读下列短文，选择合适的词并用其正确形式填空。

> Coronavirus — Masken — Lungenentzündung — Pandemie — Impfung — Handhygiene — Ausbreitung — Abstände — Infektion

In den kälteren Monaten des Jahres kommt es oft zu Erkältungen und Grippe. Beide können durch Husten, Fieber und andere Symptome gekennzeichnet werden. Eine I_____ kann dazu beitragen, die A_____ dieser Krankheit zu verhindern. In den letzten Jahren hat jedoch das C_____, insbesondere Covid-19, eine P_____ ausgelöst, die weltweit viele Menschen betroffen hat. Ein Covid-19-I_____ kann ebenfalls Symptome wie Husten und Fieber verursachen. In einigen Fällen kann es auch zu einer L_____ kommen. Es ist wichtig, Maßnahmen zu ergreifen, um die Ausbreitung von Covid-19 zu verhindern und die

Gesundheit der Gemeinschaft zu schützen. Dies kann durch das Tragen von M_____, das Einhalten von A_____ und die regelmäßige H_____ erreicht werden.

6. Ordnen Sie den Definitionen die entsprechenden Vokabeln zu. 请将下列定义的序号填到对应的单词横线上。

a) Impfung ____
b) Grippe ____
c) Fieberthermometer ____
d) Lungenentzündung ____
e) Covid-19 ____

1. Eine Erkältung, die normalerweise durch ein Virus verursacht wird und Symptome wie Husten, Schnupfen und Fieber verursacht
2. Eine Infektionskrankheit, die durch das Coronavirus SARS-CoV-2 verursacht wird und eine Vielzahl von Symptome wie Fieber, Husten und Atembeschwerden verursachen kann
3. Ein medizinischer Zustand, bei dem die Lungen durch eine Infektion oder Entzündung beeinträchtigt sind
4. Ein medizinisches Instrument zum Messen der Körpertemperatur
5. Eine medizinische Behandlung, bei der eine geringe Dosis eines Krankheitserregers verabreicht wird, um eine Immunität gegen die Krankheit zu erzeugen

7. Was sagt der Patient? Ergänzen Sie die Sätze in den Dialog. 病人会说什么？请将下列句子填入对话，将对话补充完整。

Verstanden, vielen Dank. — Ja, mein Name ist Max Pöppelmann, meine Telefonnummer ist 0123-45678910 und ich bin bei der AOK versichert. — Guten Tag, ich würde gerne einen Termin bei einem Arzt vereinbaren. — Ja, das ist in Ordnung. Was muss ich tun, um den Termin zu bestätigen? — Ich würde gerne einen Termin bei Frau Doktor Müller machen. Ich habe seit einigen Tagen starke Kopfschmerzen und ich denke, ich brauche eine Untersuchung.

Praxis: Praxis Dr. Müller, guten Tag. Wie kann ich Ihnen helfen?

Patient: _____

Praxis: Ja, natürlich. Bei welchem Arzt möchten Sie einen Termin vereinbaren und welche Beschwerden haben Sie?

Patient: _____

Praxis: OK, ich sehe, dass Frau Doktor Müller in zwei Tagen um 10 Uhr morgens einen freien Termin hat. Passt Ihnen das?

Patient: _____

Praxis: Wir werden Ihren Namen, Ihre Telefonnummer und Ihre Versicherungsinformation benötigen. Wenn Sie bereits bei uns als Patient registriert sind, benötigen wir nur Ihren Namen. Kann ich diese Informationen von Ihnen bekommen?

Patient: _____

Praxis： OK，vielen Dank，ich habe das notiert. Wir werden Ihnen eine Bestätigung per E-Mail oder SMS senden. Bitte kommen Sie 10 Minuten vor dem Termin hierher und bringen Sie Ihre Gesundheitskarte mit.

Patient： _____

Praxis： Gern geschehen. Wir sehen uns dann am Donnerstag um 10 Uhr.

8. Was sagt der Patient? Ergänzen Sie die Sätze in den Dialog. 病人会说什么？请将下列句子填入对话，将对话补充完整。

OK，danke，Frau Doktor. — Ja，ich habe auch Schnupfen und manchmal Husten. — Guten Morgen，ich habe starke Kopfschmerzen，Halsschmerzen und fühle mich sehr müde. — OK，vielen Dank. Kann ich arbeiten gehen oder soll ich zu Hause bleiben? — Aahh.

Ärztin： Guten Morgen. Was fehlt Ihnen?

Patient： _____

Ärztin： OK，lassen Sie mich Ihre Temperatur messen und Ihre Ohren，Nase und Ihren Hals untersuchen. Ich werde Sie jetzt abhören und auch in den Hals schauen. Atmen Sie tief ein und sagen Sie „Aahh“.

Patient： _____

Ärztin： OK，ich sehe eine leichte Rötung in Ihrem Hals und Ihre Ohren und Nase sehen normal aus. Ich höre einige rauhe Geräusche in Ihrer Lunge. Ich werde Blut abnehmen，um sicherzustellen，dass Sie keine Infektion durch Bakterien haben. Haben Sie auch Husten oder Schnupfen?

Patient： _____

（Ein paar Minuten später）

Ärztin： OK，die Ergebnisse Ihrer Blutuntersuchung zeigen，dass Sie keine bakterielle Infektion haben. Ich denke，Sie haben eine Erkältung. Ich werde Ihnen ein Rezept für ein Schmerzmittel und ein Mittel gegen Erkältung und etwas gegen Husten verschreiben. Trinken Sie bitte viel Flüssigkeit und ruhen Sie sich aus.

Patient： _____

Ärztin： Ich würde empfehlen，dass Sie sich für ein paar Tage ausruhen. Ich werde Sie für drei Tage krankschreiben. Wenn Ihre Symptome danach nicht besser werden，kommen Sie bitte zurück und lassen Sie uns das nochmal überprüfen.

Patient： _____

Ärztin： Gern geschehen. Passen Sie gut auf sich auf und bleiben Sie gesund!

21　Auf der Bank

das Konto，. . . ten 账户，账号

das Sparkonto，. . . ten 储蓄账户

das Girokonto，. . . ten 转账账户

die EC-Karte，-n 磁卡，借记卡

die Kreditkarte，-n 信用卡

die Überweisung 汇款，转账

der Geldautomat，-en 自动取款机

die Geheimzahl，-en 密码

die Kontonummer，-n 账号

die Bankleitzahl，-en（BLZ）银行编码

die Bankverbindung，-en 银行账户信息，银行
　账户资料

der Zins，-en 利息

der Geldschein，-e 纸币

das Geldstück，-e 硬币

die Münze，-n 硬币

bar bezahlen 以现金方式支付

bargeldlos bezahlen 以非现金方式支付

ausgeben 支出，花费

leihen 借

wechseln 把……换成（零钱）；兑换（货币）

eintippen 输入

eingeben 输入

Tätigkeiten auf der Bank 银行业务

ein Konto eröffnen 开户

ein Konto kündigen/schließen 销户

ein Konto überziehen 透支账户

Geld einzahlen 存钱

Geld abheben 取钱

Geld überweisen 转账，汇款

Geld sparen 储蓄，攒钱

（jm.）Geld auszahlen 支付（给某人）钱款/
　金额

 Lern-Tipp **学习小贴士**

1. 跟 Konto（账户）搭配的常用动词有 eröffnen（开户）、kündigen/schließen（销户）以及 überziehen
　（透支）。在与 überziehen 搭配时要注意，如果要表达透支了多少钱，可以加上介词 um，后面接上
　所透支的金额，例如：

　Ich habe mein Konto um 50 Euro überzogen.

2. 跟 Geld（钱）搭配的常用动词也有若干，如 abheben（取钱）、überweisen（转账）、sparen（储蓄）、
　einzahlen（把钱存入账户）以及 auszahlen（支付给某人钱款/金额）。

　要注意的是，由于中文翻译的影响，我们容易将 Geld sparen 和 Geld einzahlen 混淆。其实两者的
　含义和用法完全不同：

　① Geld sparen 是指把钱存起来，一般是存到储蓄账户（Sparkonto）上，也就是我们说的定期账户
　　上，以便将来需要时取出，在此期间可以得到利息，从而实现财富增长。它经常被译为"储蓄"。
　　相关例句如下：

　　Wir sollten Geld sparen, um uns einen Urlaub leisten zu können.

　　Geld zu sparen hilft dabei, finanziell sicherer zu sein.

Du kannst Geld sparen, indem du weniger ausgibst.

② Geld einzahlen 是指把资金存到账户上的行为，可以是存到储蓄账户（Sparkonto）上，也可以是转账账户（Girokonto）上，视具体目的而定。当要表示把钱存到账户上时，可以通过介词 auf 来带出具体的账户，如以下例句：

Jeden Monat zahle ich einen Teil meines Gehalts auf mein Sparkonto ein.

Sie hat gestern 100 Euro auf ihr Girokonto eingezahlt.

Du kannst auch am Geldautomaten Geld auf dein Konto einzahlen.

3. 在用到 Geld auszahlen 这一搭配时要注意 auszahlen 这一动词的用法。auszahlen 是指"支付给某人一定的钱款"，它常常支配双宾语，"某人"是它的间接宾语（第三格），而"钱款"是它的直接宾语（第四格）。相关例句如下：

Kannst du mir das restliche Geld auszahlen?

Der Arbeitgeber wird dem Angestellten den Lohn pünktlich auszahlen.

Der Finanzchef wird dem Mitarbeiter das Gehalt am Ende des Monats auszahlen.

Die Universität wird dem begabten Studenten das Stipendium für das nächste Semester auszahlen.

▶ **Übungen**

1. **Welche Erklärung passt? Ordnen Sie zu.** 请将下列的词或词组与相应的解释一一对应，并将序号填到横线上。

a) die Zinsen ____

b) die Geheimzahl ____

c) das Konto ____

d) bar bezahlen ____

e) die Bankverbindung _____

f) sparen ____

g) Geld überweisen ____

1. Geld direkt beim Kauf eines Produkts oder einer Dienstleistung übergeben, wie z. B. mit Geldscheinen und/oder Münzen

2. Geld elektronisch von einem Konto auf ein anderes Konto übertragen

3. Informationen, die benötigt werden, um Geld auf ein bestimmtes Konto zu überweisen. Dazu gehören wie z. B. die Kontonummer und die Bankleitzahl.

4. Geld, das man von einer Bank erhält, wenn man Geld auf einem Sparkonto hat

5. Geld beiseite legen, um es später auszugeben

6. Ein Ort bei einer Bank, an dem man sein Geld aufbewahren kann

7. Eine Nummer, die man eingeben muss, um vom Geldautomaten Geld zu bekommen

2. Vervollständigen Sie die folgenden Sätze mit den richtigen Wörtern. 请选择合适的词填空,将下列句子补充完整。

> kündigen/schließen — überweisen — überziehen — abheben — auszahlen — sparen — eröffnen — einzahlen

a) Um ein Bankkonto zu _____, benötigen Sie einen gültigen Ausweis und eine Adresse.

b) Wenn Sie Ihr Konto nicht mehr benötigen, können Sie es _____.

c) Es ist wichtig, nicht mehr Geld auszugeben, als Sie haben, um Ihr Konto nicht zu _____.

d) Sie können Geld von Ihrem Konto _____, indem Sie den Geldautomaten nutzen.

e) Jeden Monat sollten Sie etwas _____, um für zukünftige Ausgaben vorbereitet zu sein.

f) Um Ihre Ersparnisse zu vermehren, können Sie Geld auf ein Sparkonto _____.

g) Die Firma wird Ihnen am Ende des Monats Ihr Gehalt auf Ihr Konto _____.

h) Wenn Sie Geld an jemanden in einem anderen Land senden möchten, können Sie es _____.

3. Ergänzen Sie bitte. Achten Sie auf die korrekte Form. 请用下列词汇或词组的正确形式填空。

> Kreditkarte — Geldautomat — bargeldlos — EC-Karte — Zinsen — überziehen — Bank — Geldscheine — bar — Bankleitzahl — Münzen — wechseln×2 — Konto — Geheimzahl — Überweisung — Kontonummer

a) Wenn Sie Geld von Ihrem _____ abheben möchten, können Sie zu einer _____ gehen oder einen _____ benutzen.

b) Um Geld auf ein anderes Konto zu übertragen, können Sie eine _____ durchführen.

c) Wenn Sie Geld auf Ihr Konto einzahlen möchten, können Sie es entweder _____ oder _____ tun.

d) Wenn Sie mit Ihrer Karte bezahlen möchten, können Sie entweder eine _____ oder eine _____ verwenden.

e) Wenn Sie Geld von der Bank leihen möchten, zahlen Sie normalerweise _____ auf den geliehenen Betrag.

f) Können Sie mir bitte den 50-Euro-Schein _____?

g) Wenn man am Geldautomaten Geld abheben möchte, muss man die _____ eingeben.

h) Wenn Sie mehr Geld ausgeben, als Sie auf Ihrem Konto haben, können Sie Ihr Konto _____.

i) Wenn Sie bar bezahlen möchten, können Sie entweder _____ oder _____ verwenden.

j) Um Geld auf ein Konto zu überweisen, benötigen Sie normalerweise die _____ und die _____ des Empfängers.

k) Wenn Sie ins Ausland reisen, müssen Sie möglicherweise Ihr Geld in die Währung des Landes _____.

4. **Was sagt der Kunde? Ergänzen Sie die Sätze in den Dialog.** 顾客会说什么？请将下列句子填入对话，将对话补充完整。

1）Ja，das wäre gut. Aber können Sie mir auch etwas über Sparkonten erzählen? Wozu dient ein Sparkonto?

2）Ja，hier ist mein Personalausweis.

3）Nein，das war alles. Vielen Dank!

4）Guten Morgen! Ich möchte gerne ein Konto eröffnen，aber ich bin nicht sicher，welches.

5）Okay，ich habe eine Stromrechnung dabei.

6）Ah，verstehe. Und wie sieht es mit den Gebühren aus? Sind sie bei beiden Konten gleich?

7）Ich denke，ich werde hauptsächlich Geld überweisen und Bargeld abheben.

8）Okay，ich denke，ich werde ein Girokonto eröffnen und später überlegen，ob ich auch eine Kreditkarte beantragen möchte.

9）Übrigens，ich habe gehört，dass man eine Kreditkarte beantragen kann. Stimmt das?

Auf der Bank

Bankangestellte：Guten Morgen! Wie kann ich Ihnen helfen?

Kunde：_____

Bankangestellte：Kein Problem. Wir helfen Ihnen gerne dabei. Es gibt verschiedene Arten von Konten，die für unterschiedliche Bedürfnisse geeignet sind. Wie werden Sie das Konto verwenden? Möchten Sie es für den täglichen Zahlungsverkehr oder eher für langfristige Ersparnisse?

Kunde：_____

Bankangestellte：In diesem Fall würde ich Ihnen ein Girokonto empfehlen. Mit einem Girokonto können Sie jederzeit Überweisungen tätigen und Bargeld abheben. Möchten Sie auch eine EC-Karte zu Ihrem Konto? Mit dieser Karte können Sie Geld an Geldautomaten abheben，bargeldlos in Geschäften bezahlen und Überweisungen tätigen.

Kunde：_____

Bankangestellte：Natürlich. Ein Sparkonto ist ein Konto，auf dem Sie Geld sparen können. Es bietet in der Regel einen höheren Zinssatz als ein Girokonto，so dass Sie mit der Zeit Zinsen auf Ihr gespartes Geld verdienen können.

Kunde：_____

Bankangestellte：Nein，die Gebühren variieren je nach Kontotyp und Bank. Für Girokonten erheben wir normalerweise Gebühren für Überweisungen，Geldabhebungen und Kreditkarten. Für Sparkonten erheben wir in der Regel keine Gebühren，wenn Sie nicht vorzeitig Geld abheben möchten.

Kunde：_____

Bankangestellte：Ja，das stimmt. Sie haben die Möglichkeit，zusätzlich zu Ihrem Girokonto eine Kreditkarte zu beantragen. Mit einer Kreditkarte können Sie weltweit in Geschäften und Online-Shops bezahlen. Wir bieten verschiedene

Kreditkarten an, zum Beispiel Visa oder Mastercard.

Kunde: _____

Bankangestellte: Das ist eine gute Idee. Sie können jederzeit eine Kreditkarte zu Ihrem Girokonto hinzufügen, wenn Sie sich dazu entscheiden. Um ein Konto zu eröffnen, benötigen wir einige Unterlagen von Ihnen. Haben Sie Ihren Personalausweis oder Reisepass dabei?

Kunde: _____

Bankangestellte: Danke. Wir benötigen auch einen Nachweis über Ihre Adresse, zum Beispiel eine aktuelle Strom- oder Telefonrechnung.

Kunde: _____

Bankangestellte: Perfekt. Dann können wir jetzt mit der Kontoeröffnung beginnen. Wir werden Ihnen die Unterlagen und die EC-Karte in den nächsten Tagen per Post zusenden. Haben Sie noch weitere Fragen?

Kunde: _____

Bankangestellte: Bitte schön. Wir freuen uns, Sie als neuen Kunden begrüßen zu dürfen.

das Medium，…ien 媒介,媒体

die Massenmedien 大众媒体

die Zeitung，-en 报纸

die Zeitschrift，-en 杂志

das Fernsehen 电视

der Rundfunk 广播

die Presse 报刊

das Internet 互联网

die Werbung 广告

der Wetterbericht，-e 天气预报

das Dokument，-e 文件,资料

die E-Mail，-s 电子邮件

die Daten（Pl.）资料,数据

die Hardware 硬件

die Software 软件

der Bildschirm，-e 屏幕,显示屏

die Tastatur，-en 键盘

die Taste，-n 键,按键

die Maus，¨e 鼠标

die Serie，-n 连续剧

der Krimi，-s 侦探片,侦探小说

die Nachrichten（Pl.）新闻广播节目

der Spielfilm，-e 故事影片

der Dokumentarfilm，-e 纪录片

die Reality-Show，-s 真人秀

die Quizsendung，-en 智力问答节目

das Blog，-s 博客

der Chatroom，-s 聊天室

das Handy，-s 手机

der Computer，- 电脑

Computerspiele zocken 玩电脑游戏

Handyspiele spielen 玩手机游戏

einschalten 打开(电源)

ausschalten 关掉(电源)

surfen（网上)冲浪

googeln 使用 Google 搜索引擎

anklicken（鼠标)点击

speichern（计算机)存储

ausdrucken 打印

drücken 按,压

kommunizieren 交际,交流

austauschen 交换

▶ **Übungen**

1. **Ergänzen Sie die fehlenden Wörter. Achten Sie auf die korrekte Form. Jedes Wort kann nur einmal verwendet werden.** 请选择合适的词并用其正确形式填空,每个词只能选用一次。

> Werbung — Dokument — googeln — ausschalten — schließen — anklicken — Wetterbericht — E-Mail — Taste — ausdrucken — speichern — einschalten — surfen — Daten — Internet — öffnen

a) Ich habe gestern eine _____ an meinen Freund geschickt.

b) Das _____ hat die Art und Weise, wie Menschen weltweit kommunizieren und Informationen austauschen, revolutioniert.

c) Ich werde das wichtige _____ auf einem USB-Stick speichern, um es sicher aufzubewahren.

d) Ich werde den Fernseher _____, um die Nachrichtensendung anzuschauen.

e) Vergiss nicht, den Computer vor dem Verlassen des Büros _____.

f) Kannst du bitte das Dokument für mich _____? Ich möchte gerne eine physische Kopie davon haben.

g) Vergiss nicht, regelmäßig deine Fotos auf der Cloud zu _____, um Datenverlust zu vermeiden.

h) Um die aktuellen Angebote zu sehen, kannst du einfach den entsprechenden Link _____.

i) Bevor ich das Produkt kaufe, werde ich es zuerst _____, um Bewertungen und Erfahrungsberichte anderer Kunden zu finden.

j) Sie verbringt viel Zeit damit, auf verschiedenen Webseiten zu _____ und sich über die neuesten Nachrichten und Trends zu informieren.

k) Während der Serie läuft immer wieder _____.

l) Der _____ sagt uns, wie das Wetter ist.

m) Man sollte seine privaten _____ im Netz nicht preisgeben.

n) Ich habe das Dokument _____ und bearbeitet. Dann habe ich das Dokument gespeichert und _____.

o) Ich habe die _____ auf der Tastatur gedrückt, um das Computerprogramm zu starten.

2. **Ordnen Sie die Wörter den passenden Definitionen zu.** 请将下列名词与其相应的解释一一对应，并将序号填到横线上。

a) die Hardware ____

b) die Software ____

c) die Medien ____

d) der Bildschirm ____

e) die Serie ____

f) der Krimi ____

g) die Nachrichtensendung ____

h) der Spielfilm ____

i) das Blog ____

j) der Chatroom ____

1. Ein längerer Film, der für die Unterhaltung produziert wird

2. Eine Geschichte, die sich auf Verbrechen und deren Aufklärung konzentriert

3. Eine Reihe von aufeinanderfolgenden Fernsehfolgen

4. Eine Sendung, die über aktuelle Ereignisse informiert

5. Ein Gerät, das visuelle Informationen anzeigt

6. Kommunikationsmittel und -kanäle, die Informationen verbreiten, wie z. B. Zeitungen, Fernsehen, Radio, Internet und soziale Medien

7. Ein virtueller Raum, in dem Nutzer miteinander chatten und kommunizieren können

8. Physische Komponenten eines Computersystems, wie z. B. der Prozessor, die Festplatte, die Tastatur und der Bildschirm

9. Ein persönlicher Bereich, in dem man seine Gedanken und Meinungen teilen kann

10. Programme und Anwendungen, die auf einem Computer ausgeführt werden und Aufgaben und Funktionen des Computers steuern

3. **Lesen Sie den Text und vervollständigen Sie die Lücken mit den folgenden Wörtern. Achten Sie auf die korrekte Form.** 请阅读下列短文，选择合适的词并用其正确形式填空。

> konzentrieren — verfolgen — senden — informieren — Themen — Dokumentarfilme — traditionell — Reality-Shows — öffentlich-rechtlich — Kultur

In Deutschland spielen Massenmedien eine wichtige Rolle im Alltag vieler Menschen. Fernsehen, Radio, Zeitungen und das Internet sind beliebte Informations- und Unterhaltungsquellen.

Die öffentlich-rechtlichen Sender wie ARD und ZDF bieten eine Vielzahl von Programmen, darunter Nachrichtensendungen, _____, Serien und Spielfilme. Sie _____ die Zuschauer über aktuelle Ereignisse in Deutschland und der Welt. Auch private Fernsehsender sind sehr beliebt. Sie bieten eine breite Palette an Unterhaltung, wie z. B. _____, Quizsendungen und Sportsendungen. Viele Menschen _____ gerne ihre Lieblingsserien oder Sportveranstaltungen im Fernsehen.

Radio ist ebenfalls ein beliebtes Medium in Deutschland. Es gibt _____ und private Radiosender, die eine Vielzahl von Musiksendungen, Nachrichten und Unterhaltung anbieten. Viele Leute hören Radio im Auto, zu Hause oder bei der Arbeit.

Zeitungen und Zeitschriften sind _____ gedruckte Medien in Deutschland. Tageszeitungen wie *Bild*, *Süddeutsche Zeitung* und *Frankfurter Allgemeine Zeitung* informieren die Leser über aktuelle Ereignisse, Politik, Sport und _____. Es gibt auch viele Fachzeitschriften, die sich auf bestimmte Themen wie Mode, Kochen, Sport oder Technologie _____.

Das Internet hat in den letzten Jahren stark an Bedeutung gewonnen. Viele Menschen nutzen das Internet, um Informationen zu suchen, soziale Medien zu nutzen, E-Mails zu _____ und Online-Shopping zu betreiben. Es gibt auch eine Vielzahl von Online-Nachrichtenseiten und Blogs, auf denen man sich über verschiedene _____ informieren kann.

Insgesamt bieten die Massenmedien in Deutschland eine breite Palette von Informationen und Unterhaltung. Sie spielen eine wichtige Rolle im täglichen Leben der Menschen und ermöglicht es ihnen, informiert und unterhalten zu bleiben.

4. **Lesen Sie den Text und vervollständigen Sie die Lücken mit den folgenden Wörtern. Achten Sie auf die korrekte Form.** 请阅读下列短文，选择合适的词并用其正确形式填空。

> Schule — Unterhaltung — unverzichtbar — Kontakt — spielen — Abenteuer —
> senden — begrenzen — Videos — Freunde — Interaktionen — zocken —
> austauschen

Für Jugendliche sind heute Handys und Computer fast _____ Begleiter geworden. Täglich verbringen sie viel Zeit damit，Handyspiele zu _____ oder Computerspiele zu _____ .

Handys sind praktisch und vielseitig. Sie ermöglichen es uns，in _____ zu bleiben, Nachrichten zu _____ ，und natürlich，Spiele zu spielen. Diese Spiele sind oft spannend und unterhaltsam. Jugendliche nutzen ihre Handys auch，um _____ anzusehen，in sozialen Medien herumzuschauen und Nachrichten mit Freunden _____ .

Computer sind ebenfalls beliebt bei Jugendlichen. Sie verwenden sie nicht nur für die _____ ，sondern auch für Freizeitaktivitäten. Computerspiele sind besonders populär. In diesen Spielen können sie _____ erleben und mit _____ online spielen.

Insgesamt sind Handys und Computer wichtige Werkzeuge für Jugendliche in der heutigen Welt. Sie bieten _____ ，soziale Verbindung und Lernmöglichkeiten. Dennoch ist es wichtig，die Zeit，die man vor Bildschirmen verbringt，zu _____ ，um auch genug Zeit für andere Aktivitäten und soziale _____ zu haben.

23 | Wünsche – Hoffnungen – Träume

der Wunsch, ̈e 愿望

die Hoffnung, -en 希望

der Traum, ̈e 梦,梦想

wünschen（sich）祝愿

hoffen（auf）希望

träumen（von）梦见,梦想

äußern 说出,表明

verwirklichen 实现

zerstören 使……破灭

erzählen（von）讲述

aufgeben 放弃

in Erfüllung gehen （某事）得以实现

ambitioniert 有志向的,有抱负的

motivieren 激励

inspirieren 启发

das Potenzial, -e 潜力,潜能

entfalten 发挥,施展

Ausdrücke und Sätze 句型与表达

Ich wünsche mir, dass ... 我祝愿自己……

Ich hoffe, dass ... 我希望……

Ich träume davon，... 我梦想……

 ***Lern-Tipp* 学习小贴士**

1. wünschen 是及物动词,常常支配双宾语,即 jm. etw. wünschen（祝某人……）。如果祝愿的对象是自己,就加上反身代词,即 sich etw. wünschen（祝自己……）。

   wünschen 可以跟从句连用,也可以和带 zu 不定式结构连用。相关例句如下:

   ① Ich wünsche dir gute Besserung / viel Erfolg / alles Gute / eine gute Reise.

   Wir wünschen Ihnen einen angenehmen Aufenthalt in unserem Hotel.

   ② Ich wünsche mir eine Kamera zum Geburtstag.

   Sie wünscht sich ein neues Auto als Geburtstagsgeschenk.

   ③ Sie wünscht sich, dass ihre Familie immer gesund bleibt.

   Ich wünsche mir, dass wir bald wieder gemeinsam reisen können.

   ④ Ich wünsche mir, ein erfolgreicher Schriftsteller zu werden.

   Wir wünschen uns, glücklich zu sein und unsere Ziele zu erreichen.

2. hoffen 是不及物动词,接宾语时要加上介词 auf,auf 后跟第四格。hoffen 也可以和从句或带 zu 不定式结构连用。相关例句如下:

   ① Ich hoffe auf baldige Besserung.

   Ich hoffe auf gutes Wetter für das Wochenende.

   ② Ich hoffe, dass alles gut geht.

   Wir hoffen, dass unser Team das Spiel gewinnt.

   ③ Der Blinde hofft, eines Tages sehen zu können.

   Er hofft, seine Sprachkenntnisse zu verbessern.

3. träumen 是不及物动词,接宾语时要加上介词 von,von 后面跟第三格。träumen 也可以和从句或带 zu 不定式结构连用。相关例句如下:

① Ich habe heute Nacht（von meinem Großvater）geträumt.

Das Kind träumt im Unterricht.

Der Student träumt von einer großen Zukunft.

Sie träumt von einer Weltreise.

② Ich träume davon, dass die Menschen immer und ewig leben können.

Wir träumen davon, dass sich unsere Hoffnungen und Pläne verwirklichen.

③ Der Blinde träumt davon, eines Tages sehen zu können.

Sie träumt davon, eine berühmte Schauspielerin zu werden.

▶ **Übungen**

1. **Ergänzen Sie die Sätze mit** *wünschen*, *hoffen* **oder** *träumen*. 请用动词 wünschen, hoffen 或 träumen 填空。

a) Ich _____ mir, eine Fremdsprache fließend zu sprechen.

b) Sie（Sg.）_____ von einer besseren Zukunft für alle Menschen.

c) Die kleine Alice _____ oft von Feen und Zauberern.

d) Er _____, dass sein Team die Meisterschaft gewinnt.

e) Ich _____ immer von einem eigenen Haus mit einem großen Garten.

f) Ich _____, dass ich nächstes Jahr meinen Traumjob finde.

g) Mein Vater _____ sich, dass ich Medizin studiere.

h) Er _____ davon, in einem Schloss zu leben.

i) Ich _____ meiner besten Freundin alles Gute zum Geburtstag.

j) Sie（Sg.）_____ auf eine baldige Genesung ihrer Großmutter.

k) Sie（Sg.）_____ davon, dass sie eines Tages ihre eigene Firma gründen kann.

l) Er _____, neue Freunde zu finden und seine sozialen Kontakte zu erweitern.

m) Ich _____ dir viel Glück für deine Prüfung.

n) Wir _____ uns, die Welt zu bereisen und neue Kulturen kennenzulernen.

o) Sie（Sg.）_____, einen Platz an der Universität zu bekommen.

p) Wir _____ auf eine positive Antwort von der Firma.

2. **Ergänzen Sie bitte die Sätze mit den folgenden Wörtern. Achten Sie auf die korrekte Form.** 请选择合适的词并用其正确形式填空。

> gehen — Wunsch — erzählen — haben — äußern — Traum — Hoffnung — aufgeben — zerstören — verwirklichen

a) Mein größter _____ ist es, einmal um die Welt zu reisen.

b) Es wäre ein Traum, den Mount Qomolangma zu besteigen, aber das ist sehr schwer zu _____.

c) Meine größte _____ ist es, dass meine Familie und ich gesund bleiben.

d) Es ist ein Wunder, dass mein Traum, eine Familie zu gründen, in Erfüllung _____ ist.

e) Die schlechte Nachricht hat meine Hoffnung _____.

f) Sie (*Sg.*) _____ ihren Wunsch, ein eigenes Unternehmen zu gründen und erfolgreich zu sein.

g) Es wäre ein _____, ein eigenes Buch zu veröffentlichen und Autor zu werden.

h) Sie (*Sg.*) _____ begeistert von ihrem Traum, auf einer großen Bühne zu singen und Menschen zu inspirieren.

i) Wir sollten unsere Wünsche und Träume niemals _____.

j) Ich _____ einen großen Wunsch, etwas Gutes für die Gesellschaft zu tun und anderen Menschen zu helfen.

3. **Lesen Sie den Text und ergänzen Sie die Lücken mit folgenden Wörtern. Achten Sie auf die korrekte Form.** 请阅读下列短文,选择合适的词并用其正确形式填空。

> ambitioniert — Potenzial — inspirieren — material — entfalten — Emotionen — motivieren — kurzfristig

Wünsche, Hoffnungen und Träume sind unterschiedliche Dinge, die wir für die Zukunft haben können. Wünsche sind Dinge, die wir gerne hätten oder erreichen möchten. Sie sind oft m_____ und können durch Anstrengung oder Glück erfüllt werden, zum Beispiel ein neues Auto.

Hoffnungen sind oft mit E_____ verbunden. Hoffnungen sind positive Gedanken für die Zukunft, bei denen wir auf etwas Gutes hoffen, zum Beispiel eine bessere Welt oder Erfolg in der Arbeit.

Träume sind große Ziele oder Visionen für die Zukunft. Sie sind oft a_____ und erfordern viel Arbeit und Hingabe, um sie zu erreichen, wie zum Beispiel ein berühmter Schauspieler zu werden.

Während Wünsche oft k_____ sind und sich auf konkrete Dinge beziehen, sind Hoffnungen und Träume langfristiger und abstrakter. Hoffnungen können uns m_____ und uns durch schwierige Zeiten helfen, während Träume uns i_____ und uns dazu bringen können, über unsere Grenzen hinauszugehen.

Insgesamt sind Wünsche, Hoffnungen und Träume wichtige Teile unseres Lebens. Sie zeigen unsere Wünsche, Ziele und Vorstellungen und helfen uns dabei, unser P_____ zu e_____ und ein erfülltes Leben zu führen.

24 Nachrichten – Klatsch – Gerüchte

die Nachricht, -en 消息, 新闻

der Klatsch 背后议论, 流言蜚语

das Gerücht, -e 谣言, 传闻

kommentieren 评论

bestätigen 证实, 证明

überprüfen 审核, 检查

verbreiten 散布, 传播

widerlegen 驳斥, 反驳

seriös 可信的

respektieren 尊敬, 尊重

hinterfragen 对……寻根究底

auf dem Laufenden bleiben/sein 消息灵通

 Lern-Tipp 学习小贴士

1. Nachricht 的意思是 eine kurze Information über ein aktuelles Ereignis, 就是我们常说的"消息, 新闻", 比如：

   Ich habe eine Nachricht von meinem Freund erhalten.

   Ich habe gerade die aktuelle Nachricht über das Wetter gelesen und es wird morgen regnen.

   Hast du meine Nachricht gelesen?

   Nachricht 的复数形式 Nachrichten 还有另外一个含义, 即 eine Sendung im Radio oder im Fernsehen, die über die wichtigsten (meistens politischen) Ereignisse informiert, 也就是我们常说的"新闻节目", 要注意的是在表示这一含义时, 必须用复数形式。相关例句如下：

   In den Nachrichten habe ich gehört, wer die Wahl gewonnen hat.

   Ich schaue mir jeden Abend die Nachrichten im Fernsehen an.

   Die Nachrichten haben über den neuen Präsidenten berichtet.

2. Klatsch 只有单数形式没有复数, 意思是 das (besonders Negative), was die Leute über andere erzählen, 也就是"风言风语, 流言蜚语", 往往都是些在背后对他人的负面议论, 比如：

   In Boulevardzeitungen steht viel Klatsch über prominente Leute.

   In der Zeitschrift gab es einen interessanten Artikel über den Klatsch in Hollywood.

   Manchmal ist es schwer, zwischen Klatsch und Wahrheit zu unterscheiden.

3. Gerücht 的意思是 eine Neuigkeit oder Nachricht, die sich verbreitet, ohne dass man weiß, ob sie wirklich wahr ist, 也就是在不知道是否属实的情况下, 被广泛传播开的消息, 中文里常常称之为"谣言, 谣传", 比如：

   Es gibt das Gerücht, dass er im Lotto gewonnen hat.

   Manchmal verbreiten sich Gerüchte sehr schnell, auch wenn sie nicht wahr sind.

   Das halte ich für ein Gerücht.

   Gerücht 是"谣言, 谣传", 有复数形式。Klatsch 是"风言风语, 流言蜚语", 只有单数形式而没有复数。二者都是没有被得到证实的信息。不同之处在于, Klatsch 所涉及的信息内容常常与他人的

私生活有关, 而 Gerücht 涉及的信息内容更宽泛, 可以涉及方方面面的话题。相关例句如下：

Hast du gehört, dass Anna und Tom sich getrennt haben? Ich habe es von meiner Freundin gehört. (= **Klatsch**)

Ich habe gehört, dass die Firma bald Insolvenz anmelden wird. Aber ich weiß nicht, ob es stimmt. (= **Gerücht**)

▶ **Übungen**

1. **Was ist unten eine Nachricht, ein Klatsch oder ein Gerücht?** 以下哪条是 **Nachricht**, 哪条是 **Klatsch**, 哪条是 **Gerücht**? 请加以区分。

   a) Ein Erdbeben hat eine Region im Süden des Landes getroffen.

   b) Es wird gemunkelt, dass ein neues Unternehmen in der Stadt eröffnet.

   c) Berühmtheit X und Berühmtheit Y wurden zusammen in einem Restaurant gesehen. Sie könnten ein Paar sein.

   d) Es wird behauptet, dass der Supermarkt bald schließen wird, aber es gibt keine offizielle Bestätigung.

   e) Ein bekannter Schauspieler hat einen Oscar gewonnen.

   f) Schauspielerin A hat sich von ihrem Ehemann getrennt und soll eine Affäre mit Schauspieler B haben.

   g) Die Regierung hat eine neue Gesetzänderung vorgeschlagen.

   h) Es wird spekuliert, dass die Regierung eine neue Steuerreform plant, um das Haushaltsdefizit zu verringern.

   i) Sängerin C wurde bei einem exklusiven Event mit einem teuren Schmuckstück gesehen.

2. **Ergänzen Sie bitte die Sätze mit den folgenden Wörtern. Achten Sie auf die korrekte Form.** 请选择合适的词并用其正确形式填空。

   > Nachricht — Klatsch — Gerücht — hören — sehen — lesen — kommentieren — verbreiten — widerlegen — bestätigen — überprüfen

   a) Ich _____ gerne die Nachrichten im Radio, um über aktuelle Ereignisse informiert zu sein.

   b) In meiner Nachbarschaft verbreitet sich immer viel _____ über andere Leute.

   c) Es gibt ein _____ über eine mögliche Gehaltserhöhung in unserer Firma.

   d) Viele Menschen _____ die neuesten Nachrichtenartikel auf Online-Plattformen.

   e) Meine Oma _____ gerne Klatschmagazine, um über das Leben der Stars auf dem Laufenden zu bleiben.

   f) Bevor ich eine Information weitergebe, versuche ich sie zu _____, um sicherzugehen, dass sie wahr ist.

   g) Veranwortungsbewusste Personen überprüfen Informationen, bevor sie sie _____.

   h) In den _____ erfahren wir, was in der Welt passiert.

i) Prominente stehen häufig im Mittelpunkt des _____ .

j) Es ist wichtig, Informationen zu _____ , bevor wir sie glauben.

k) Viele Menschen genießen es, über _____ und _____ zu reden, obwohl sie wissen, dass sie nicht immer zuverlässig sind.

l) Nachrichten _____ sich schnell in der heutigen Zeit durch soziale Medien und das Internet.

m) Die offizielle Stellungnahme des Unternehmens konnte das Gerücht über finanzielle Schwierigkeiten erfolgreich _____ .

n) Viele Menschen lesen eine Nachricht und _____ sie dann in sozialen Medien oder Diskussionsforen, um ihre Meinung dazu zu äußern.

o) Viele Menschen _____ Nachrichten im Fernsehen, um sich über aktuelle Ereignisse zu informieren.

3. **Lesen Sie den Text und ergänzen Sie die Lücken mit folgenden Wörtern. Achten Sie auf die korrekte Form.** 请阅读下列短文,选择合适的词并用其正确形式填空。

> betrachten — überprüfen — umgehen — respektieren — seriös — vermeiden —
> Privatleben — hinterfragen — weiterverbreiten — beeinflussen

Nachrichten, Klatsch und Gerüchte sind Teil unseres täglichen Lebens. Nachrichten sind Informationen über aktuelle Ereignisse, die von s_____ Quellen wie Zeitungen, Fernsehen oder Online-Nachrichtenportalen stammen. Sie liefern uns Fakten und helfen uns, auf dem Laufenden zu bleiben.

Klatsch hingegen bezieht sich oft auf persönliche Informationen über Prominente oder Menschen in unserem Umfeld, die nicht immer wahr sein müssen. Klatsch dient oft dazu, über das P_____ anderer zu sprechen und kann sowohl positive als auch negative Aspekte haben.

Gerüchte sind Informationen, die sich schnell verbreiten, aber nicht unbedingt wahr sind. Menschen können Gerüchte hören, sehen oder lesen, aber es ist wichtig, sie zu ü_____ , bevor man sie glaubt oder w_____ .

Es gibt einige Gründe, warum Klatsch und Gerüchte so beliebt sind. Manche Menschen finden es spannend, über das Leben anderer zu erfahren oder in Diskussionen einzusteigen. Aber Klatsch und Gerüchte können auch schädlich sein. Sie können das Privatleben von Menschen b_____ oder zu Fehlinformationen führen.

Deshalb ist es wichtig, kritisch zu sein und Informationen zu überprüfen, bevor wir sie glauben oder weiterverbreiten. Es ist auch wichtig, respektvoll mit anderen Menschen u_____ und ihre Privatsphäre zu r_____ .

Insgesamt sollten wir uns bewusst sein, Nachrichten kritisch zu b_____, Klatsch mit Vorsicht zu genießen und Gerüchte zu h_____, um eine fundierte Meinung zu bilden und Missverständnisse zu v_____.

Wortschatzdifferenzierung

词义辨析

B

1 besuchen – besichtigen

 Lern-Tipp 学习小贴士

besuchen 和 besichtigen 这两个动词虽然中文释义都有"参观"的意思，但用法上是有区别的。

1. besuchen 的宾语可以是人也可以是物。

   ① 当它的宾语是人时，表示"拜访，看望"。比如：

   Ich werde meine Großeltern in Berlin besuchen.

   Hast du deine Freunde in Paris besucht?

   ② 当它的宾语是物时，可以表示"参观"。比如：

   Ich möchte das Louvre-Museum in Paris besuchen.

   Sie hat eine Ausstellung über die Geschichte der Raumfahrt besucht.

   Sie hat den Zoo in Singapur besucht.

   ③ besuchen 也有"上学"的意思，这时候它的宾语往往是一些学校或课程。比如：

   Ich besuche die Grundschule in meiner Nachbarschaft.

   Meine Schwester besucht eine Universität in Berlin.

   Er besucht einen Deutschkurs jeden Montag und Mittwoch.

2. besichtigen 的宾语一般都是物，经常用来表示在游览过程中"参观"一些名胜古迹。比如：

   ① Sie besichtigen das Schloss Neuschwanstein in Bayern.

   ② Er hat die schönsten Paläste und Kirchen in Rom besichtigt.

   ③ Wir möchten die Große Mauer besichtigen.

3. besuchen 表示"参观"时倾向于看建筑物里所陈列的展品或展示的内容。比如参观博物馆"das Museum besuchen"，看的是博物馆里的展品；参观展览"die Ausstellung besuchen"，看的也是展品；参观动物园"den Zoo besuchen"，看的是动物园里的动物。

   besichtigen 表示"参观"时倾向于看建筑物本身。比如参观城堡"das Schloss besichtigen"、参观教堂"die Kirche besichtigen"和参观宫殿"den Palast besichtigen"，都更强调看建筑物本身。包括参观名胜古迹"Sehenswürdigkeiten besichtigen"，比如参观长城"die Große Mauer besichtigen"，看的也是建筑物本身。所以这些情况都更倾向于用 besichtigen。

▶ **Übung**

Vervollständigen Sie die folgenden Sätze, indem Sie entweder „besuchen" oder „besichtigen" in die Lücken einsetzen. Achten Sie bitte auf die korrekte Form. 请选择 besuchen 或 besichtigen，并用其正确形式将下列句子补充完整。

   a) Während meines Urlaubs werde ich das Louvre-Museum in Paris _____.

   b) Meine Familie _____ mich nächste Woche, um Zeit mit mir zu verbringen.

c) Gestern haben wir das historische Schloss in der Stadt _____.

d) Die Schüler _____ am Freitag das Naturkundemuseum.

e) Wir sollten unbedingt den Fernsehturm in Shanghai _____ – er ist ein Wahrzeichen.

f) Meine Großeltern werden uns über das Wochenende _____ und wir werden ihnen die Stadt zeigen.

g) Ich möchte während meines Aufenthalts in Rom das Kolosseum _____.

h) Am Wochenende werden wir den Zoo _____ und die Tiere beobachten.

i) Letzte Woche haben wir eine interessante historische Ausstellung _____.

j) In meiner Jugend habe ich die örtliche Hochschule _____ und viele neue Freunde gefunden.

2 wissen, kennen und kennenlernen

kennen — kennenlernen ▮▮▶

 Lern-Tipp 学习小贴士

1. kennen 的含义是 Informationen über jn./etw. haben，也就是拥有关于某人或某事物的相关信息，解释为"了解，熟悉"。它表示一个状态，是一个持续性动词，往往跟一个时间段连用。比如：

   Ich kenne Maria schon seit meiner Kindheit.

   Ich kenne meine beste Freundin seit fünf Jahren.

   Wir kennen uns erst seit gestern.

   Kennst du den Weg zum Bahnhof?

   Mein Lehrer kennt meine Stärken und Schwächen.

   Kennst du diese berühmten Sehenswürdigkeiten?

   Meine Großeltern kennen viele alte Volkslieder.

2. kennenlernen 的含义是 jm. zum ersten Mal begegnen und mit ihm sprechen，也就是初次与某人相结识的动作过程。它是一个非持续性动词，往往跟一个时间点连用。比如：

   Gestern habe ich meinen neuen Nachbarn kennengelernt.

   Am Wochenende werde ich ihre Eltern kennenlernen.

   Wir haben uns während unseres Urlaubs im Sommer kennengelernt.

   Mein Bruder hat seine Freundin vor zwei Monaten kennengelernt.

   Kannst du mich bitte deinem Bruder vorstellen? Ich möchte ihn gerne kennenlernen.

▶ Übung

Wählen Sie das richtige Verb aus, „kennen" oder „kennenlernen", um die Lücken in den folgenden Sätzen zu vervollständigen. 请选择 kennen 或 kennenlernen，将下列句子补充完整。

   a) Ich _____ diesen Ort gut，seit meiner Kindheit.

   b) Wir haben uns gestern auf der Party _____.

   c) Mein Großvater _____ viele Geschichten aus der Vergangenheit.

   d) Wir werden unseren neuen Nachbarn nächste Woche _____.

   e) Wir haben gestern im Sprachkurs viele neue Freunde _____.

   f) Meine Oma _____ noch alle traditionellen Rezepte aus ihrer Heimat.

   g) Die Kinder _____ sich gut im Park. Sie spielen oft dort.

   h) Ich habe letzte Woche meine neuen Kollegen _____.

i) Ich _____ diesen Film schon.

j) Wir _____ den Weg zum Museum nicht. Können Sie uns bitte helfen?

kennen — wissen

 Lern-Tipp 学习小贴士

1. kennen 的含义之前提过，是 Informationen über jn./etw. haben，也就是拥有关于某人或某事物的相关信息，表示对某人或某事物相当"熟悉""了解"，而且往往还是通过一些亲身的经验和体会才拥有相关信息。它表示一个状态，是一个持续性动词，可以跟一个时间段连用。它同时也是及物动词，要接第四格宾语。kennen 的宾语可以是名词或者代词。比如：

   Sie kennt ihn seit der Kindheit.

   Er kennt sie seit der High School.

   Er kennt das Buch, das du gerade liest.

   Meine Eltern kennen unsere Freunde.

2. wissen 的含义是 Informationen haben，也就是拥有或掌握某种相关信息，它表示的意思是对某人或某事物仅仅只是客观上"知道"。它表示一个状态，是一个持续性动词，可以和一个时间段连用。作为一个及物动词，wissen 的宾语除了可以是一个名词以外，还常常有以下两种情况：

   ① 以不定代词作为宾语：das，es，viel，etwas，wenig，nichts，alles 等

   　　Er weiß viel über Geschichte.

   　　Sie wissen nichts über meine Pläne.

   　　Sie weiß alles über Computer.

   　　Das weiß ich nicht.

   ② 以从句作为宾语：

   　　Ich weiß, dass die Hauptstadt von Frankreich Paris ist.

   　　Weißt du, wie spät es ist?

▶ Übung

Füllen Sie die Lücken in den folgenden Sätzen mit „kennen" oder „wissen". 请选择 kennen 或 wissen，将下列句子补充完整。

a) Mein Nachbar ist sehr freundlich. Ich _____ ihn seit Jahren.

b) Kannst du mir bitte sagen, ob du den Weg zum Bahnhof _____?

c) Ich _____, dass der Film heute Abend im Kino läuft.

d) Wir _____ uns schon lange und sind beste Freunde.

e) Ich _____ zwar schon seit vielen Jahren, wie man Auto fährt, aber ich habe keinen Führerschein.

f) Wir _____ nicht, ob es morgen regnen wird.

g) Meine Schwester _____ alle Länder in Europa.

h) Ihr _____, wo sich das beste Restaurant in der Stadt befindet.

i) Der Lehrer _____, wie man den komplexen Satz analysiert.

j) Ich _____, dass sie heute Geburtstag hat.

k) Kannst du mir sagen, ob du _____, wie man dieses Gerät bedient?

l) Er _____ die Sehenswürdigkeiten der Stadt wie die Rückseite seiner Hand.

m) Die Lehrerin _____ die Schüler gut.

n) Die Experten _____ wenig über diese seltene Pflanze.

o) Er _____ nichts über den neuen Lehrer.

3 erfahren – wissen

 Lern-Tipp 学习小贴士

1. erfahren 的含义是 eine neue Information bekommen，也就是得到某个新的信息，解释为"获悉，得知"。它表示一个动作，是一个非持续性动词，往往跟一个时间点连用。它也可以和介词 aus、von、durch 连用，表示"从……/通过……方式获悉"。比如：

   Wir haben aus der Zeitung erfahren, dass es morgen regnen wird.

   Ich habe durch den Film viel über die deutsche Kultur erfahren.

   Ich habe von Claudia erfahren, dass sie nächste Woche Geburtstag hat.

2. wissen 的含义是 Informationen haben，也就是拥有或掌握某种相关信息，解释为"知道"。它表示一个状态，是一个持续性动词，常常和一个时间段连用。作为一个及物动词，wissen 的宾语除了可以是一个名词以外，还常常有以下两种情况：

   ① 以不定代词作为宾语：das, es, viel, etwas, wenig, nichts, alles 等

      Sie weiß viel über Mathematik.

      Er weiß alles über Fußball.

   ② 以从句作为宾语：

      Ich weiß, dass Deutsch eine schwierige Sprache ist.

      Wissen Sie, wo das nächste Restaurant ist?

▶ Übung

Lesen Sie die folgenden Sätze und entscheiden Sie, ob „wissen" oder „erfahren" in die Lücke passt. 请阅读下列句子，选择 wissen 或 erfahren 填空。

a) Ich _____ viel über die Geschichte des Landes.

b) Sie hat erst letzte Woche _____, dass sie schwanger ist.

c) _____ du, wo das nächste Kino ist?

d) Sie hat _____, dass das Konzert ausverkauft ist.

e) Er _____ nicht, was er tun soll.

f) Sie (Sg.) _____ seit Jahren, dass Rauchen schlecht für die Gesundheit ist.

g) Wir haben gerade _____, dass der Zug Verspätung hat.

h) Ich habe gestern _____, dass meine beste Freundin heiraten wird.

i) Wir _____ nicht sicher, ob die Veranstaltung heute stattfindet.

j) Ich _____ genau, dass ich morgen früh aufstehen muss, um meinen Flug nicht zu verpassen.

4 suchen – finden

Lern-Tipp 学习小贴士

1. suchen 的含义是 an verschiedenen Orten nachsehen, ob dort jd./etw. ist, 也就是到处查看某物或某人是否在那里, 解释为"寻找, 搜寻"。它是一个持续性动词, 可以和一个时间段连用。

   Ich habe eine halbe Stunde meine Brille gesucht, aber ich kann sie nirgendwo finden.

   Sie sucht einen neuen Job, weil sie mit ihrem aktuellen Job unzufrieden ist.

2. finden 有多种含义, 在这里它表示 (nach gezieltem Suchen) irgendwo eine Person/Sache sehen, 或者表示 jn., den man sich gewünscht hat, für sich gewinnen oder etw. bekommen, das man haben wollte, 即经努力或寻找而获得某人或某物, 解释为"找到"。它是一个非持续性动词, 可以和一个时间点连用。

   Nach langem Suchen fand er den verlorenen Ring unter dem Schrank.

   Er hat die Frau fürs Leben gefunden.

▶ Übung

Lesen Sie die folgenden Sätze und entscheiden Sie, ob „suchen" oder „finden" in die Lücke passt. 请阅读下列句子, 选择 suchen 或 finden 填空。

a) Ich _____ mein Handy. Ich habe es seit einer Stunde nicht gesehen.

b) Der Bergsteiger _____ den Gipfel. Es ist ein unglaubliches Gefühl.

c) Ich suche meinen Schlüssel im Schrank. Ich muss ihn dringend _____.

d) Wir _____ ein gutes Buch für den Urlaub. Haben Sie eine Empfehlung?

e) Der Polizist _____ nach Beweisen. Er möchte den Täter überführen.

f) Die Kinder haben gestern den Schatz im Garten _____.

g) Der Hund ist zehn Minuten lang um den Baum gelaufen. Endlich hat er den Knochen _____.

h) Warum _____ du in der Küche? Die Fernbedienung ist im Wohnzimmer.

i) Endlich habe ich meine Brille _____. Sie war unter dem Buch.

j) Seit zehn Minuten _____ er seinen Regenschirm, weil es draußen regnet.

5 | finden – feststellen

 Lern-Tipp 学习小贴士

1. finden 除了"找到"的含义外，还表示 eine bestimmte Meinung haben，解释为"认为，觉得"。当表示这一含义时，其用法有两种：

   ① finden + A. + Adj.

   finden 后接一个第四格宾语再加上一个形容词，表示"觉得……如何"。

   Ich finde unseren neuen Nachbarn sehr nett.

   ② finden，dass... （Nebensatz）

   finden 接一个 dass 引导的从句，表示"认为……，觉得……"，相当于 meinen，表达一个观点、想法。

   Findest du nicht auch, dass er jetzt viel älter aussieht?

   Ich finde, dass er lügt.

2. feststellen 是一个可分动词，表示（durch Nachforschen, Untersuchen, Prüfen）Informationen über etw. bekommen，解释为"查明，确定"。另外它也可以表示 etw. bemerken, erkennen，解释为"看出，意识到"。

   Der Arzt kann bei der Untersuchung keine Krankheiten feststellen.

   Im Test habe ich festgestellt, dass ich noch viel lernen muss.

▶ **Übung**

Lesen Sie die folgenden Sätze und entscheiden Sie, ob „finden" oder „feststellen" in die Lücke passt. 请阅读下列句子，选择 finden 或 feststellen 填空。

a) Ich _____, dass dieser Film sehr langweilig ist.

b) Der Arzt konnte keine Ursache für meine Kopfschmerzen _____.

c) Meine Eltern _____, dass ich zu viel Zeit am Handy verbringen.

d) Viele Menschen _____, dass das Leben in der Stadt teuer ist.

e) Die Polizei konnte schnell _____, wer den Einbruch begangen hat.

f) Ich _____, dass diese Farbe zu dir passt.

g) Wir müssen _____, welche Auswirkungen dieses Vorfalls auf unser Geschäft haben wird.

h) Der Lehrer hat _____, dass viele Schüler das Thema nicht verstanden haben.

i) Wie _____ du die Idee, in den Ferien ins Ausland zu reisen?

j) Die Experten konnten _____, dass das Produkt sicher ist.

6 | erziehen（die Erziehung）– ausbilden（die Ausbildung）

 Lern-Tipp 学习小贴士

1. erziehen 的含义是 jn.，meistens ein Kind，in seiner geistigen und charakterlichen Entwicklung formen，indem man es bestimmte Normen und Prinzipien lehrt，其名词形式是 die Erziehung。不管是动词还是名词都解释为"教育，培养"，这里所说的"教育"指的是给一个人灌输一定的行为规范和道德准则，从而对这个人在思想领域和性格方面加以塑造。erziehen 是及物动词，后面的第四格宾语是被教育的人。比如：

   Es ist wichtig，Kinder mit Liebe und Geduld zu erziehen.

   Die Lehrerinnen und Lehrer erziehen die Schülerinnen und Schüler zu verantwortungsbewussten Menschen.

   Meine Eltern haben mich gut erzogen.

2. ausbilden 的含义是（jn.）in einem Beruf unterrichten oder eine Fähigkeit trainieren，其名词形式是 die Ausbildung。作为动词，ausbilden 同样解释为"教育，培养"。但这里所说的"教育"指的是对一个人进行与他将来的职业相挂钩的专业知识的灌输和技术能力的培养。它也是一个及物动词，后面接的宾语可以是人，比如被教育的人；也可以是物，比如所培养的能力。名词 die Ausbildung 既可以解释为所接受的与职业相挂钩的"教育"，也可以专指德国年轻人所接受的"职业培训"，这时候它就相当于 die Berufsausbildung。

   Mein Onkel bildet Lehrlinge in seiner Werkstatt aus.

   Die Universität bildet junge Leute in verschiedenen Fachrichtungen aus，damit sie später erfolgreich in ihrem Beruf arbeiten können.

   Die Schule sollte nicht nur Wissen vermitteln，sondern auch kritisches Denken und Problemlösungsfähigkeit ausbilden.

   Wenn du regelmäßig Sport treibst，kannst du deine Ausdauer und Kraft ausbilden.

 Übungen

1. **Lesen Sie die folgenden Sätze und entscheiden Sie, ob „erziehen" oder „ausbilden" in die Lücke passt. Achten Sie bitte auf die korrekte Form.** 请阅读下列句子，选择 erziehen 或 ausbilden 并用其正确形式填空。

   a) Mein Vater hat mich zu einem selbstständigen und verantwortungsvollen Erwachsenen _____.

   b) Die Lehrer vermitteln nicht nur Kenntnisse in Mathematik und Geschichte，sondern

_____ sie auch in sozialen Kompetenzen.

c) Der Verein _____ junge Talente in verschiedenen Sportarten _____, um sie auf Wettkämpfe vorzubereiten.

d) In Deutschland gibt es viele Institutionen, die Migranten _____ und ihnen helfen, sich an die neue Umgebung anzupassen.

e) Die Firma _____ ihre Mitarbeiter _____, um sicherzustellen, dass sie über die neuesten Technologien und Fähigkeiten verfügen.

f) Die Eltern sollten ihre Kinder nicht nur _____, sondern ihnen auch beibringen, wie man Konflikte löst und andere Menschen respektiert.

g) Der Chef _____ seine Assistentin in den unterschiedlichen Geschäftsbereichen _____, damit sie ihm bei der Führung des Unternehmens helfen kann.

h) Die Lehrer bereiten ihre Schüler darauf vor, in einer globalisierten Welt erfolgreich zu sein, indem sie sie in inerkultureller Kommunikation und Fremdsprachen _____.

i) Der Trainer _____ die Spieler und Spielerinnen nicht nur physisch, sondern auch mental _____, um ihnen zu helfen, in schwierigen Situationen konzentriert zu bleiben.

j) Ich bin so _____ worden, dass ich immer höflich und respektvoll mit anderen Menschen umgehe, auch wenn ich anderer Meinung bin.

k) Wenn man eine Fremdsprache lernt, sollte man nicht nur die Grammatik und Vokabeln lernen, sondern auch seine Aussprache _____, um verstanden zu werden.

l) Um eine gute Sängerin zu werden, muss sie ihre Stimme regelmäßig _____ und ständig an ihrer Technik arbeiten.

2. **Lesen Sie die folgenden Sätze und entscheiden Sie, ob „Erziehung" oder „Ausbildung" in die Lücke passt. 请阅读下列句子,选择 Erziehung 或 Ausbildung 填空。**

a) Eine gute _____ kann den Kindern helfen, ihre Persönlichkeit und Talente zu entfalten.

b) In Deutschland ist es nach der Schule sehr verbreitet, eine _____ zu absolvieren, um praktische Fähigkeiten zu erwerben und eine Karriere zu starten.

c) Die _____smethoden unterscheiden sich je nach Kultur und Traditionen.

d) Eine solide _____ kann dazu beitragen, die Chancen auf eine gute Beschäftigung und ein höheres Einkommen zu verbessern.

e) Die _____ zum Fachinformatiker erfordert neben fachlichen Kenntnissen auch ein gutes logisches Denkvermögen.

f) Die _____ von Kindern sollte auf Liebe und Verständnis basieren.

Lern-Tipp 学习小贴士

1. lernen 解释为"学习",它指的是一种更广义上的学习,即通过获得新的信息从而掌握相关技能或某一特定领域的专业知识。我们上小学、中学、某个培训课程,学习某种技能或乐器,接受职业培训等所用到的"学习"都可以用 lernen。比如：

   In der Grundschule lernen wir viel über Geschichte，Mathematik und Naturwissenschaften.

   Ich besuche einen Deutschkurs und lerne jeden Tag neue Vokabeln.

   Meine Schwester lernt gerade Klavier spielen und übt jeden Tag für eine Stunde.

2. studieren 专指大学阶段的学习,也就是"上大学"的意思。要表达"在哪里上大学""大学学什么专业"以及"大学上多久了"这些含义时,用到的都是 studieren。此外,studieren 也有"研究,钻研"和"认真读,仔细看"的意思。比如：

   Meine Freundin studiert Medizin und verbringt viele Stunden in der Bibliothek.

   Im Rahmen meiner Doktorarbeit möchte ich das Verhalten der Bienen studieren.

   Bevor wir unsere Reise planen，müssen wir den Fahrplan studieren，um die besten Abfahrts- und Ankunftszeiten zu finden.

▶ Übung

Lesen Sie die folgenden Sätze und entscheiden Sie, ob „lernen" oder „studieren" in die Lücke passt. Achten Sie bitte auf die korrekte Form. 请阅读下列句子,选择 lernen 或 studieren 并用其正确形式填空。

a) Ich _____ gerade Französisch，weil ich im Sommer nach Paris reise.

b) Wir sollten die Speisekarte _____， bevor wir bestellen.

c) Meine Freundin _____ Jura an der Universität und möchte später Anwältin werden.

d) Mein Vater _____ im Internet，wie man ein Haus baut，weil er ein neues Haus für uns bauen möchte.

e) Ich möchte mehr über Geschichte _____ und habe mir gerade ein Buch über das antike Rom gekauft.

f) Der Schüler _____ jeden Abend für seine Mathematikprüfung.

g) Die Wissenschaftler _____ das Verhalten der Tiere，um mehr darüber zu erfahren，wie sie sich an ihre Umgebung anpassen.

h) Meine Schwester _____ schon seit Jahren Gitarre und spielt wunderschöne Stücke.

i) Der Chef _____ den Arbeitsplan für die kommende Woche，um sicherzustellen，dass alle Mitarbeiter genügend Arbeit haben.

j) Er hat nie _____， pünktlich zu sein.

Lern-Tipp 学习小贴士

1. spielen 这个词在中文里常常解释成"玩"。但要注意的是，当它表示"玩耍"并作不及物动词使用时，很少会用在成年人身上，而是往往用在孩童身上，或者我们也会看到成年人陪着孩子玩耍这样的表达。比如：

   Die Kinder spielen im Park.

   Der Vater spielt mit dem Kind.

2. spielen 这个词更多作为及物动词使用。作为及物动词它常跟球类运动或乐器连用，表示从事某种体育运动项目或演奏某种乐器，它也可以跟不同宾语连用，表示"打牌""下棋""玩彩票""扮演角色"等含义。比如：

   Wir spielen jedes Wochenende Basketball auf dem Sportplatz der Universität.

   Meine Nachbarin spielt seit Jahren Klavier.

   Mein Onkel spielt oft Karten und Schach am Computer.

   Viele Leute spielen jeden Samstag Lotto und hoffen auf einen großen Gewinn.

   In der Schulzeit spielten Sprachen für Susanne eine wichtige Rolle.

▶ **Übung**

Vervollständigen Sie die Sätze mit „spielen", „spielen mit" oder „spielen gegen". 请用 spielen, spielen mit 或 spielen gegen 将句子补充完整。

    a) Am Wochenende _____ ich oft _____ Freunden Fußball im Park.

    b) Meine Schwester _____ Klavier, wenn sie gestresst ist.

    c) Unser Team _____ am Samstag _____ den stärksten Gegner der Liga.

    d) Im Kindergarten _____ die Kinder gerne _____ Puppen und Stofftieren.

    e) Mein Großvater _____ gerne Karten.

    f) Wir _____ am Strand Volleyball, wenn das Wetter gut ist.

    g) Ich _____ gern _____ meine Freunde, aber ich verliere oft.

    h) Im Musikunterricht _____ wir heute alle gemeinsam auf unseren Instrumenten.

    i) Am Wochenende _____ ich _____ meinen Kindern, und wir fahren oft ins Grüne.

    j) Ich _____ Tennis, seit ich klein bin.

9 │ alles – alle; viel(es) – viele; beides – beide

 Lern-Tipp 学习小贴士

1. 不定代词 alle/viele/beide 所对应的解释分别是"所有""许多"和"两个"。作为不定代词,它们指代上文提到过的人,或者指代上文提到过的带定冠词的物。当它们作主语时,动词按照第三人称复数进行变位。

   Ich habe zwei Schwestern. Beide sind älter als ich.

   Der Künstler hat die Bilder in der Galerie ausgestellt. Viele haben leuchtende Farben.

   Die Gäste haben das Essen probiert. Alle waren begeistert.

2. 不定代词 alles/viel(es)/beides 所对应的解释同样为"所有""许多"和"两个"。不同之处在于,它们指代的是上文提到过的带零冠词的物或事情。当它们作主语时,动词按照第三人称单数进行变位。

   Alles ist möglich. Es gibt keine Grenzen für das, was erreicht werden kann.

   Im Kaufhaus gibt es eine Menge Kleidungsstücke in verschiedenen Farben und Größen. Vieles passt mir gut.

   + Möchtest du Kaffee oder Tee?

   − Beides ist in Ordnung.

▶ Übungen

1. **Lesen Sie die folgenden Sätze und wählen Sie das richtige Wort aus, um die Lücken zu füllen. 阅读下列句子,并选择合适的词填空。**

   a) Wir haben gestern _____ (alle/alles) für die Party vorbereitet.

   b) Die Menschen sind gleichberechtigt. _____ (Alle/Alles) sollten respektiert werden, unabhängig von ihrer Herkunft.

   c) Die vier Reifen am Auto sind total kaputt. _____ (Alle/Alles) müssen ausgewechselt werden.

   d) Die Schüler haben letzte Woche viele Tests und Projekte abgeschlossen und waren sehr beschäftigt. Trotzdem haben _____ (alle/alles) ihre Hausaufgaben gemacht.

   e) Ich habe heute _____ (alle/alles) erledigt, was auf meiner To-Do-Liste stand.

   f) + Welche Hobbys haben Sie?

   − Sport, Lesen, Musik, _____ (alle/alles) interessiert mich.

   g) + Was für Sportarten treiben Sie gerne?

   − Laufen, Schwimmen, Yoga, _____ (alle/alles) mag ich.

   h) Heute findet eine wichtige Besprechung statt. _____ (Alle/Alles) sollten pünktlich im

Büro sein.

i) Es ist Weihnachten. ＿＿＿＿ (Alle/Alles) singen gemeinsam Weihnachtslieder.

2. Lesen Sie die folgenden Sätze und wählen Sie das richtige Wort aus, um die Lücken zu füllen. 阅读下列句子，并选择合适的词填空。

a) Der berühmte Sänger gibt heute Abend ein Konzert in der Stadt. ＿＿＿＿ (Viele/Vieles) sind gekommen, um das Konzert zu genießen.

b) Die Universität bietet den Studenten einen neuen Kurs in Informatik an. ＿＿＿＿ (Viele/Vieles) haben sich für den Kurs angemeldet.

c) Im Museum gibt es zahlreiche Kunstwerke von berühmten Künstlern. ＿＿＿＿ (Viele/Vieles) ist beeindruckend.

d) ＿＿＿＿ (Viele/Vieles) ist noch unklar über die Zukunft der Technologie.

e) Die Kinder haben die Spielzeuge überall gelegt. ＿＿＿＿ (Viele/Vieles) sind in der Schachtel.

f) Im Supermarkt gibt es eine große Auswahl an Obst und Gemüse. ＿＿＿＿ (Viele/Vieles) sieht frisch und lecker aus.

g) Der Wind hat die Blätter vom Baum geweht. ＿＿＿＿ (Viele/Vieles) sind auf den Tisch gefallen.

h) In der Bibliothek gibt es eine Menge Bücher zu verschiedenen Themen. ＿＿＿＿ (Viele/Vieles) ist interessant.

i) Die Regierung hat den Bürgern vorgeschlagen, mehr Geld in erneuerbare Energien zu investieren. ＿＿＿＿ (Viele/Vieles) denken, dass es eine gute Idee ist.

3. Lesen Sie die folgenden Sätze und wählen Sie das richtige Wort aus, um die Lücken zu füllen. 阅读下列句子，并选择合适的词填空。

a) Das Buch und das Heft, ＿＿＿＿ (beide/beides) stehen auf dem Tisch.

b) Ich habe zwei Brüder. ＿＿＿＿ (Beide/Beides) sind sehr sportlich.

c) Ich kann mich nicht zwischen Kaffee und Tee entscheiden. ＿＿＿＿ (Beide/Beides) trinke ich gern.

d) Meine Großeltern wohnen in verschiedenen Städten, aber ich besuche ＿＿＿＿ (beide/beides) oft.

e) Meine Freunde Anna und Ben kommen aus Berlin. ＿＿＿＿ (Beide/Beides) sprechen fließend Chinesisch.

f) ＋　Möchtest du Pizza oder Pasta?

－　＿＿＿＿ (Beide/Beides) ist in Ordnung.

g) Sowohl Peter als auch Maria haben den Test bestanden. ＿＿＿＿ (Beide/Beides) haben hart dafür gearbeitet.

h) Ich kann heute Abend entweder ins Kino gehen oder zu Hause bleiben. ＿＿＿＿ (Beide/Beides) klingt gut.

10 das Land – das Bundesland – das Ausland – das Inland

 Lern-Tipp 学习小贴士

1. das Land 有两种含义：①"农村，乡下"，比如 auf dem Land leben（在乡下生活），aufs Land gehen（到乡下去）。表示这个含义的时候 das Land 是不可数名词，只用单数形式。②"国家"，相当于 Staat，表示这个含义时它是可数名词，复数形式是 die Länder，比如：

   Spanien, Schweden und Frankreich sind europäische Länder.

2. das Bundesland 指的是德国的联邦州，其复数形式是 die Bundesländer。比如：

   Deutschland hat 16 Bundesländer.

3. das Ausland 和 das Inland 正好是一对反义词。das Ausland 指"外国，国外"，das Inland 指"本国，国内"。两个词都是不可数名词，只用单数形式。比如：

   Ich freue mich darauf，bald wieder ins Ausland zu reisen und neue Kulturen kennenzulernen.

   Ich habe beschlossen，für ein Jahr ins Ausland zu gehen, um meine Sprachkenntnisse zu verbessern.

   Um unser Sortiment zu erweitern，haben wir beschlossen, einige exotische Waren aus dem Ausland zu importieren.

   Wir haben uns darauf spezialisiert，regionale Waren im Inland zu verkaufen und damit die heimische Wirtschaft zu unterstützen.

   Viele Menschen verbringen ihren Urlaub lieber im Inland als im Ausland.

Übung

Füllen Sie die Lücken mit den passenden Wörtern aus：das Inland, das Ausland, das Land, das Bundesland. 请用 das Inland，das Ausland，das Land 或 das Bundesland 来填空。

   a) Das _____ ist eine politische Einheit innerhalb eines Staates.

   b) Das _____ kann sowohl ein Staat als auch eine geographische Region bezeichnen.

   c) Viele Menschen reisen gerne ins _____, um andere Kulturen kennenzulernen.

   d) Das _____ bezieht sich auf das eigene Land im Gegensatz zu anderen Ländern.

   e) Ein Staat besteht aus mehreren _____.

   f) Die Sprache im _____ ist für viele Menschen eine Herausforderung.

   g) Im Sommer fahren viele Stadtbewohner aufs _____, um die Natur zu genießen.

   h) Manchmal ist es günstiger, Produkte aus dem _____ zu importieren als sie im _____ herzustellen.

i) Bayern ist das größte _____ in Deutschland.

j) Viele Menschen ziehen vom _____ in die Stadt，um Arbeit zu finden.

k) Die Hauptstadt von einem _____ wird oft als Landeshauptstadt bezeichnet. Zum Beispiel ist München die Landeshauptstadt von Bayern.

l) Die Beziehungen zwischen _____ sind wichtig für den Frieden und die Zusammenarbeit.

m) Jedes _____ hat seine eigene Regierung und eigene Gesetze.

n) Auf dem _____ ist das Leben oft ruhiger als in der Stadt.

o) Produkte aus dem _____ unterstützen die heimische Wirtschaft.

p) Im _____ gibt es oft andere Sitten und Gebräuche als im eigenen Land.

q) Deutschland ist ein _____ in Europa.

11 sagen – sprechen（über）

 Lern-Tipp 学习小贴士

1. sagen 的含义是"讲，说"，作为及物动词它常常支配双宾语，即（jm.）etw. sagen，即"告诉（某人）某事"。其中"某事"是 sagen 的直接宾语，也就是第四格宾语；"某人"是 sagen 的间接宾语，也就是第三格宾语。能够跟 sagen 搭配的直接宾语（即第四格宾语）常常是以下几类：

   ① 从句

   Sie sagte，dass sie gerne ins Kino geht，wenn sie Zeit hat.

   ② 直接引语，即加冒号、引号，再加上所说的内容

   Der Lehrer sagte：„Die Prüfung beginnt in zehn Minuten. "

   ③ 不定代词（如 etwas，alles，nichts 等）

   Ich muss dir etwas sagen.

   Ich habe alles gesagt，was ich sagen wollte.

   Er kann nichts dazu sagen，weil er nicht dabei war.

   ④ 名词或名词短语

   Sie sagt mir immer die Wahrheit.

   Er sagte den Namen des Films.

2. sprechen 既有及物动词用法，也有不及物动词用法。

   ① 作为不及物动词，sprechen 的含义是"说话"，它表示一种说话的能力，或者以某种方式说话。比如：

   Das Kind muss noch sprechen lernen.

   Sie spricht ganz laut.

   sprechen 作为不及物动词常常和介词 über 连用，即 über jn./etw. sprechen，表示"谈论某人或某事"。比如：

   Sie sprechen nur über ihre Arbeit.

   Wir sprechen über unseren Lehrer.

   Er spricht nie über seine Familie.

   Wir sprechen über das Wetter.

   ② 作为及物动词，sprechen 支配的第四格宾语可以是某种语言，表示"说……语"；或者跟 jn. 连用，即 jn. sprechen，表示"跟……人谈话"。比如：

   Ich spreche fließend Deutsch.

   Sie spricht sehr gut Chinesisch.

   Ich möchte den Chef sprechen.

   Kann ich bitte Herrn Müller sprechen?

▶ **Übung**

Ergänzen Sie die Lücken mit „sprechen" oder „sagen". 请用 sprechen 或 sagen 填空。

a) Er _____, dass er morgen kommt.

b) Sie _____ sehr leise.

c) Kannst du mir bitte _____, wo die Toilette ist?

d) Wir _____ über unsere Pläne.

e) Er _____ immer sehr schnell.

f) Sie _____, dass sie keine Zeit hat.

g) Er kann mir nicht _____, wie viel das kostet.

h) Er _____ immer die Wahrheit.

i) Sie _____ drei Sprachen: Englisch, Spanisch und Französisch.

j) Man _____, dass es morgen regnen wird.

k) Sie _____ oft über ihre Schwester.

l) Kannst du mir bitte alles _____?

m) Er _____ „Danke" und ging aus dem Raum.

n) Sie möchte ihre Freundin _____.

o) Sie _____ „Nein", als er sie zu Tanzen aufforderte.

p) Der Arzt _____ zu mir: „Sie müssen diese Medizin zweimal täglich einnehmen."

q) Das Kind _____ gern mit seinen Freunden.

r) Ich werde dir etwas Wichtiges _____.

s) Er hat die ganze Zeit kein Wort _____.

t) Das Kind kann noch nicht _____.

u) Er hat _____, dass er das Lesen von Büchern genießt.

12　diskutieren über – sich unterhalten（über）

 Lern-Tipp 学习小贴士

1. diskutieren 含义是"讨论"，作为不及物动词，常与 über 连用，即 über etw. diskutieren，也就是"讨论关于⋯⋯方面的话题"。diskutieren 一般用在比较正式或相对严肃的主题的讨论上，指大家就这一主题各抒己见、交流观点和想法。比如：

    Wir diskutieren über Politik.

    Er diskutierte mit seinem Chef über seine Gehaltserhöhung.

    Die Schüler diskutierten über das Thema der Hausaufgabe.

    Die Experten diskutierten über die Auswirkungen des Klimawandels.

2. sich unterhalten 含义是"聊天，谈话"，表示"聊关于⋯⋯方面的话题"时同样需要与介词 über 连用，即 sich über jn. /etw. unterhalten。sich unterhalten 一般指聊比较轻松的日常话题，即大家就一个或多个话题展开闲聊，从而达到消遣休闲的目的。比如：

    Wir haben uns über das Wetter unterhalten.

    Sie unterhielten sich über ihre Hobbys.

    Er unterhält sich mit seinem Freund über das Fußballspiel.

    Die Gäste unterhielten sich über die Party.

    Die Kollegen unterhalten sich in der Mittagspause über ihre Wochenendpläne.

▶ Übungen

1. **Ordnen Sie bitte die folgenden Sätze entweder „diskutieren" oder „sich unterhalten" zu.** 阅读下列句子，并判断该句子适用于 diskutieren 还是 sich unterhalten。

    a) Wir haben über das neue Restaurant in der Stadt gesprochen.

    b) Sie haben über die Vor- und Nachteile von erneuerbaren Energien gesprochen.

    c) Er hat mit seinem Bruder über ihre Kindheitserinnerungen gesprochen.

    d) Die Politiker haben über die neue Steuerreform gesprochen.

    e) Sie haben über ihre Lieblingsfilme gesprochen.

    f) Die Lehrer haben über die neue Unterrichtsmethode gesprochen.

    g) Die Manager haben über die Strategie des Unternehmens gesprochen.

    h) Die Eltern haben über die Erziehung ihrer Kinder gesprochen.

2. **Ergänzen Sie die Lücken mit „diskutieren" oder „sich unterhalten".** 请用 diskutieren 或 sich unterhalten 填空。

    a) Die Freunde _____ über ihre Reisepläne.

b) Die Wissenschaftler _____ über die neuesten Forschungsergebnisse.

c) Die Familie _____ beim Abendessen über ihren Tag.

d) Die Studenten _____ über die Lösung des Mathematikproblems.

e) Die Nachbarn _____ über das Wetter.

f) Die Journalisten _____ über die neuesten Nachrichten.

g) Die Politiker _____ über die neue Gesetzesvorlage.

h) Die Freunde _____ auf der Party über ihre gemeinsamen Erlebnisse.

13 man – der Mann，¨er

 Lern-Tipp 学习小贴士

1. man 是不定代词，泛指一个人或一些人，常被翻译成"有人"或"人们"。man 做主语时，谓语动词按照第三人称单数来变位。man 的第三格形式是 einem，第四格形式是 einen。作为代词，man 不能用 er 来指代。只有当 man 在句子开头时第一个字母才大写，其余时候都小写。相关例句如下：

Man sollte immer höflich sein.

Man sagt，dass Übung den Meister macht.

Man muss die Regeln befolgen.

Man kann nicht immer alles haben，was einem gefällt.

Schöne Musik kann einen glücklich machen.

Man kann alles erreichen，wenn einen etwas wirklich interessiert.

2. der Mann 是名词，复数形式是 die Männer，其含义是"男人；丈夫"。作为名词，它的第一个字母始终大写。当它以单数形式作主语时，谓语动词按照第三人称单数变位；以复数形式作主语时，谓语动词按照第三人称复数进行变位。作为名词，der Mann 可以用 er 来指代。相关例句如下：

Der Mann geht spazieren.

Ein Mann liest eine Zeitung.

Die Frau spricht mit einem Mann.

Die Frau küsst ihren Mann zum Abschied.

Die Frau und ihr Mann gehen zusammen ins Kino.

Die Männer spielen Fußball.

Die Männer trinken Bier und unterhalten sich.

▶ **Übung**

Füllen Sie die Lücken mit dem richtigen Wort aus：„man" oder „Mann". Achten Sie bitte auf die korrekte Form. 请阅读下列句子，并用 man 或者 Mann 的正确形式填空。

    a) _____ kann nie wissen，was das Leben bringt.

    b) Ein _____ kauft Blumen für seine Frau.

    c) _____ kann alles erreichen，wenn man hart arbeitet.

    d) Der _____ trägt einen Hut.

    e) Die Frau und ihr _____ haben zwei Kinder.

    f) _____ sollte immer ehrlich sein.

    g) Man kann viel lernen，wenn _____ aufmerksam zuhört.

h) Ein _____ fährt mit dem Fahrrad zur Arbeit.

i) Die Frauen und die _____ tanzen zusammen.

j) Man sollte das tun, was _____ glücklich macht.

k) Man sollte immer auf die Gesundheit achten und das tun, was _____ gut tut.

l) Die _____ arbeiten im Garten.

m) Zu viel Arbeit kann _____ müde machen.

n) Man sollte immer das tun, was _____ Spaß macht.

o) Man sollte immer das wählen, was _____ am meisten anspricht.

p) _____ muss Geduld haben.

q) Die _____ diskutieren über Politik.

r) Ein _____ repariert sein Auto.

s) Mein _____ und ich sind seit 10 Jahren verheiratet.

t) _____ darf nie aufgeben.

u) Sie vermisst ihren _____, wenn er auf Geschäftsreise ist.

v) Die _____ machen eine Wanderung.

14 Verben des Sagens

meinen — erklären — erzählen — berichten — betonen — behaupten — mitteilen

 Lern-Tipp 学习小贴士

1. meinen 的意思是 eine bestimmte Meinung zu etwas haben，表示对……有一定的看法、观点，常译为"认为，觉得"，用来表达自己的观点。相关例句如下：

   Ich meine, dass das Wetter heute schön ist.

   Was meinen Sie dazu?

   Meine Eltern meinen, dass ich mehr Sport treiben sollte.

2. erklären 常常可以支配双宾语，即（jm.）etw. erklären，意思是 jm. einen Sachverhalt, den er nicht versteht, klar und verständlich machen，也就是将某人原来不理解的事情说明白、讲清楚，常译为"说明，解释"。相关例句如下：

   Kannst du mir bitte den Plan erklären?

   Er hat mir die Regeln sehr gut erklärt.

   Sie erklärte geduldig, wie das Gerät zu bedienen ist.

3. erzählen 常常可以支配双宾语，即（jm.）etw. erzählen，意思是 jm. ein Erlebnis oder Ereignis (meistens mündlich) auf unterhaltsame Weise mitteilen，多表示以一种轻松的方式向某人口头讲述一个事件或经历，通常译为"讲述，叙述"。另外 erzählen 也可以跟介词 von 或 über 搭配使用，即（jm.）von jm./etw. erzählen 或（jm.）über jn./etw. erzählen，表示向某人讲述关于某个人或某件事的相关信息。相关例句如下：

   Er erzählte mir eine interessante Geschichte.

   Sie erzählt immer die besten Witze.

   Sie erzählte mir von ihrem letzten Urlaub in Italien.

   Kannst du mir bitte über deine Erfahrungen im Ausland erzählen?

4. berichten 常常可以支配双宾语，即（jm.）etw. berichten，意思是 jm. (auf meistens objektive Weise) mitteilen, was man gesehen oder gehört hat，即以一种客观的方式告知某人自己的所见所闻，常常译为"报告，报道"，经常用于报刊、媒体等场合。要注意的是，它的第四格宾语永远都不是名词，通常是一些诸如 alles/vieles/nichts 这样的不定代词或者从句，比如：

   Sie berichtete ihm alles, was sie gesehen hatte.

   Er hat uns vieles aus seinem Urlaub berichtet.

   Der Zeuge konnte nichts zum Fall berichten.

   Die Zeitschrift berichtete, dass der Film zum Besten des Jahres gewählt wurde.

   另外，berichten 也可以与介词 von 或 über 搭配使用，即（jm.）von etw. berichten 或（jm.）über etw. berichten，表示向某人报告或报道关于某事的相关信息，要注意的是 von 后面跟第三格，über 后面跟第四格。相关例句如下：

Der Journalist wird über das Fußballspiel ausführlich berichten.

Die Zeitschrift wird über die neuesten Modetrends berichten.

Er berichtet uns regelmäßig von seinen Abenteuern in fernen Ländern.

Er berichtete mir von seiner Reise.

5. betonen 的意思是 auf etw. besonders hinweisen，也就是我们平时所说的"着重指出，强调"。相关例句如下：

Er betonte die Wichtigkeit der Aufgabe.

Der Redner betonte die Bedeutung einer nachhaltigen Entwicklung.

Ich möchte betonen, dass dies eine sehr gute Gelegenheit ist.

6. behaupten 的意思是 etw., das nicht bewiesen ist, mit Bestimmtheit für wahr oder richtig erklären，也就是将还没被证实的事情以很确定的态度当作真实的、正确的事情来宣告，常常译为"断言，宣称，声称"。相关例句如下：

Er behauptet, dass er unschuldig ist und nichts mit dem Verbrechen zu tun hat.

Sie behauptet, dass sie die beste Lösung für das Problem gefunden hat.

Der Zeuge behauptet, den Vorfall aus nächster Nähe beobachtet zu haben.

7. mitteilen 是支配双宾语的动词，多用于 jm. etw. mitteilen，意思是 etw. sagen, schreiben o. Ä., damit jd. es erfährt，即用说或写的方式告诉对方，让对方知道、获悉相关信息，常常译为"告知，通知"。相关例句如下：

Kannst du mir bitte mitteilen, wann das Meeting stattfindet?

Ich möchte Ihnen gerne etwas Wichtiges mitteilen.

Sie hat uns ihre neue Adresse noch nicht mitgeteilt.

▶ **Übung**

Füllen Sie die Lücken mit den folgenden Verben. Achten Sie auf die korrekte Form. 请选择下列动词并用其正确形式填空。

> meinen — erklären — erzählen — berichten — betonen — behaupten — mitteilen

a) Kannst du bitte _____, wann der Film im Kino läuft?

b) Der Redner _____, wie wichtig es ist, die Umwelt zu schützen.

c) Er _____, dass er den Marathon in unter drei Stunden laufen kann.

d) Die Zeitung _____, dass ein neues Museum in der Stadt eröffnet wurde.

e) Der Lehrer _____, wie man diese Mathematikaufgabe löst.

f) Gestern hat mir meine Freundin eine lustige Geschichte _____.

g) Anna und Tom diskutieren über das Wetter. Anna glaubt, dass es heute regnen wird. Aber Tom _____, dass es heute sonnig bleibt.

h) Kannst du bitte _____, ob der Zug Verspätung hat?

i) Der Arzt _____, wie man den Verband richtig anlegt.

j) Die Großmutter _____ ihren Enkelkindern von ihrer Kindheit auf dem Bauernhof.

k) Der Journalist _____, dass die Preise für Benzin gestiegen sind.

l) Der Trainer _____ die Bedeutung des Aufwärmens vor dem Training.

m) Er _____, dass er der beste Spieler im Team ist.

n) + Ich finde den Film wirklich faszinierend!

    * Wirklich? Was genau hast du damit _____?

o) Das Treffen wurde verschoben, aber der neue Termin wurde uns bisher noch nicht _____.

Wortbildung

构词法

1 Suffixe：-ung，-tion，-heit，-keit

A. Suffixe „-ung" und „-tion" bei Fremdwörtern

后缀-ung 常常加在动词词干之后,由此构成一个名词。要注意的是,以后缀-ung 结尾的名词总是阴性的。例如：

bild**en** + -ung → die Bildung

entwickel**n** + -ung → die Entwicklung

erzieh**en** + -ung → die Erziehung

beweg**en** + -ung → die Bewegung

后缀-tion 也常常加在动词词干之后,从而构成一个名词。以后缀-tion 结尾的名词往往是外来词,它们由以-ieren 结尾的动词派生而来。以-tion 结尾的名词总是阴性的。例如：

kommunizier**en** + -tion → die Kommunikation

organisier**en** + -tion → die Organisation

informier**en** + -tion → die Information

realisier**en** + -tion → die Realisation

B. Suffixe „-heit" und „-keit"

后缀-heit 和-keit 常常加在形容词之后,由此构成一个名词,也就是说以后缀-heit 和-keit 结尾的名词是由形容词派生而来的。要注意的是,以-heit 和-keit 为后缀的名词总是阴性的。例如：

schön + -heit → die Schönheit

sicher + -heit → die Sicherheit

freundlich + -keit → die Freundlichkeit

ehrlich + -keit → die Ehrlichkeit

▶ Übungen

1. **Bilden Sie die entsprechenden Substantive, indem Sie die Endung „-ung" hinzufügen.** 请用后缀-ung 写出与下列动词相匹配的名词形式。

a) forschen + -ung → *die Forschung*

b) wandern + -ung → _____

c) wohnen + -ung → _____

d) begegnen + -ung → _____

e) stören + -ung → _____

f) untersuchen + -ung → _____

g) einladen + -ung → _____

h) erklären   + -ung → _____

i) veröffentlichen + -ung → _____

j) gründen   + -ung → _____

2. **Bilden Sie die entsprechenden Substantive，indem Sie die Endung „-tion" hinzufügen.** 请用后缀 -tion 写出与下列动词相匹配的名词形式。

a) kombinieren   + -tion → *die Kombination*

b) reagieren   + -tion → _____

c) reduzieren   + -tion → _____

d) dokumentieren + -tion → _____

e) konversieren   + -tion → _____

f) isolieren   + -tion → _____

g) präsentieren   + -tion → _____

h) reservieren   + -tion → _____

i) identifizieren + -tion → _____

j) inspirieren   + -tion → _____

3. **Bilden Sie die entsprechenden Substantive，indem Sie die Endung „-heit" hinzufügen.** 请用后缀-heit 写出与下列形容词相匹配的名词形式。

a) klar   + -heit → *die Klarheit*

b) frei   + -heit → _____

c) wahr   + -heit → _____

d) klein   + -heit → _____

e) gesund + -heit → _____

4. **Bilden Sie die entsprechenden Substantive，indem Sie die Endung „-keit" hinzufügen.** 请用后缀-keit 写出与下列形容词相匹配的名词形式。

a) möglich + -keit → die *Möglichkeit*

b) fähig   + -keit → _____

c) wirklich + -keit → _____

d) schwierig + -keit → _____

e) wichtig + -keit → _____

5. **Ergänzen Sie bitte.** 请选择合适的词填空。

a) _____ ist wichtig für ein glückliches Leben. Man kann seine _____ verbessern, indem man regelmäßig Sport treibt und _____ isst. (gesund/Gesundheit)

b) Am Abend wird es oft _____, wenn die Sonne untergeht. Deshalb tragen wir oft in der _____ eine Taschenlampe，um den Weg zu sehen. (dunkel/Dunkelheit)

c) Wenn man _____, soll man immer genug Wasser und Snacks dabei haben. Eine lange

_____ kann anstrengend sein, aber kann auch eine Gelegenheit sein, neue Freunde kennenzulernen. (wandern/Wanderung)

d) Seine schnelle _____ auf die Situation hat gezeigt, wie gut er in stressigen Momenten _____ kann. (reagieren/Reaktion)

e) Er ist _____, viele Sprachen zu sprechen. Seine sprachliche _____ ist sehr beeindruckend. (fähig/Fähigkeit)

f) In Shanghai sind _____ sehr teuer, deshalb entscheiden sich viele Leute dafür, in Wohngemeinschaften (WG) zu _____, um die Mietkosten zu teilen. (wohnen/Wohnung)

g) Am Montag werde ich meine Abschlussarbeit _____. Und ich hoffe, dass die _____ gut verläuft. (präsentieren/Präsentation)

h) Es ist _____, dass ich in Zukunft die _____ habe, im Ausland zu studieren. (möglich/Möglichkeit)

Lern-Tipp 学习小贴士

后缀-er 和-ent 常常和一个动词词干组合,从而构成一个名词。该名词表示的含义往往是该动词词干所描述的动作行为的执行人。比如：

der Arbeiter，- / die Arbeiterin，-nen（jemand，der arbeitet）

der Leser，- / die Leserin，-nen（jemand，der liest）

der Student，-en / die Studentin，-nen（jemand，der studiert）

▶ **Übungen**

1. **Bilden Sie aus den folgenden Verben Substantive mit dem Suffix „-er" oder „-ent".** 请将下列动词与后缀-er 或-ent 组合,构成一个名词。

   a) tanzen → *der Tänzer，- / die Tänzerin，-nen*

   b) schreiben →

   c) spielen →

   d) reden →

   e) malen →

   f) schwimmen →

   g) konkurrieren →

   h) korrespondieren →

   i) referieren →

   j) abonnieren →

   k) lernen →

2. **Erkennen Sie das passende Verb zu jedem Substantiv und fügen Sie es in den Satz ein. Achten Sie auf die korrekte Form.** 请找到与每句中动作行为人相匹配的动词,并用其正确形式填空。

   a) Der Maler _____ ein großes Bild.

   b) Die Schwimmerin _____ durch den Fluss.

   c) Der Läufer _____ den ganzen Marathon.

   d) Der Schreiber _____ einen langen Brief.

   e) Die Leserin _____ das ganze Buch.

   f) Die Träumerin _____ von einem Haus am Strand.

   g) Der Schauspieler _____ eine wichtige Rolle im Stück.

   h) Die Tänzer _____ den ganzen Abend.

   i) Der Bäcker _____ einen leckeren Kuchen.

3　Präfix：un-（bei Adjektiven）

Lern-Tipp 学习小贴士

德语中的前缀 un- 常常放在一个形容词前，由此构成这个形容词的反义词。比如：

glücklich → unglücklich

freundlich → unfreundlich

interessant → uninteressant

möglich → unmöglich

但要注意，不是所有的形容词都可以跟前缀 un- 连用构成反义词。有些形容词的反义词是完全不同的另一个词，或者是加上别的前缀而构成的反义词。比如：

spät → früh

jung → alt

gut → schlecht

korrekt → inkorrekt

verstanden → missverstanden

▶ Übungen

1. **Setzen Sie das passende Präfix „un-" vor die folgenden Wörter und bilden Sie das Gegenteil.** 请用前缀 **un-** 构成下列形容词的反义词。

    bekannt → _____

    ordentlich → _____

    fähig → _____

    sicher → _____

    höflich → _____

    ruhig → _____

    zufrieden → _____

    pünktlich → _____

2. **Fügen Sie das passende Gegenteil ein, um die Sätze zu vervollständigen.** 请填入合适的反义词，并将句子补充完整。

    a) Sie fühlt sich von ihrem Mann verstanden und unterstützt. Er fühlt sich von seiner Frau _____ und vernachlässigt.

    b) Das Essen ist nicht _____, sondern ungenießbar.

c) Ich fühle mich nicht wohl, sondern _____.

d) Der Film war uninteressant, aber der zweite Teil war _____.

e) Die Antwort ist nicht korrekt, sondern _____.

f) Gestern war er noch _____, heute ist er glücklich.

g) Er ist normalerweise sehr geduldig, aber in dieser Situation ist er _____.

h) Sie hat ihre Aufgaben immer sehr sorgfältig erledigt, aber heute war sie sehr _____.

i) Ich habe alles geplant, aber jetzt ist alles _____.

j) Ich bin mit meinem neuen Job sehr _____, aber meine Kollegen sind unzufrieden.

4 Zusammensetzungen

A. Artikel bei Zusammensetzungen

由两个词或多个词组合起来构成的一个新词,是复合词。当这个复合词由两个名词组合起来时,其词性由第二个名词的词性决定。例如:

das Haus + die Tür → die Haustür

die Arbeit + das Zimmer → das Arbeitszimmer

das Haus + die Katze → die Hauskatze

das Haus + die Aufgabe → die Hausaufgabe

B. Arten von Zusammensetzungen

复合词的构成方式大致可以分为三类:

a) 名词+名词 (Nomen + Nomen)

der Apfel + der Baum → der Apfelbaum

das Fahrrad + der Helm → der Fahrradhelm

die Klasse + das Zimmer → das Klassenzimmer

der Computer + der Kurs → der Computerkurs

b) 动词+名词 (Verbstamm + Nomen)

此类复合词往往由动词词干+名词构成

schwimm(en) + der Unterricht → der Schwimmunterricht

lauf(en) + der Schuh → der Laufschuh

geh(en) + der Weg → der Gehweg

hör(en) + das Buch → das Hörbuch

c) 形容词+名词 (Adjektiv + Nomen)

frisch + die Luft → die Frischluft

klein + das Kind → das Kleinkind

groß + die Stadt → die Großstadt

frei + die Zeit → die Freizeit

C. Auflösung der Zusammensetzungen

通过对复合词的拆分,可以进一步解释说明词意,从而帮助初学者理解一个新的复合词的意思。拆分复合词的语法手段有多种,比如可以通过介词短语:

das Kinderbuch → das Buch für Kinder

das Stofftier → das Tier aus Stoff

也可以通过形容词:

die Freizeit → die freie Zeit

die Großstadt → die große Stadt

或者用第二格：

der Landesteil → der Teil des Landes

die Jugendkriminalität → die Kriminalität der Jugend

甚至可以借助关系从句：

der Spielplatz → der Platz, auf dem Kinder spielen dürfen

D. „-s-" zwischen Bestimmungswort und Grundwort

当复合词由两个名词构成时，前一个是限定词（Bestimmungswort），后一个是基本词（Grundwort）。限定词起修饰基本词的作用，而基本词决定了该复合词的基本词义和词性。有些复合词会在限定词和基本词之间加上中缀-s-，但什么时候要加-s-，并没有普遍规律。甚至同一个限定词在与基本词复合时，有时需要加，有时又不需要加，如：Schafwolle/Schafskäse。

但为了方便初学者掌握，这里总结了一些特定的词尾(-tät，-heit，-keit，-schaft，-um，-tum，-ling，-ung，-ion)，当限定词以这些词尾结尾时，常常要加上中缀-s-再与基本词连接，从而构成复合词。比如：

die Zeitung + s + der Text → der Zeitungstext

die Relativität + s + die Theorie → die Relativitätstheorie

die Gesundheit + s + der Zustand → der Gesundheitszustand

die Tätigkeit + s + der Bericht → der Tätigkeitsbericht

die Wirtschaft + s + das Studium → das Wirtschaftsstudium

die Produktion + s + der Plan → der Produktionsplan

das Museum + s + der Berater → der Museumsberater

das Wachstum + s + der Prozess → der Wachstumsprozess

der Frühling + s + der Regen → der Frühlingsregen

但要注意的是，这里所列的词尾是大多情况下加-s-，并不能排除特例的存在。还有些限定词虽然不以上述词尾结尾，但在构成复合词时却要加上-s-，如：Arbeitsplatz。所以我们在具体使用中，还是要通过字典进行核实，以确保万无一失。

▶ **Übungen**

1. Ergänzen Sie bitte Artikel. 请参考示例，给复合词加上冠词。

a) die Zeitung + das Papier → *das* Zeitungspapier

b) das Auto + der Schlüssel → _____ Autoschlüssel

c) der Tisch + die Lampe → _____ Tischlampe

d) der Kaffee + die Tasse → _____ Kaffeetasse

e) der Sommer + die Ferien → _____ Sommerferien

f) der Zahnarzt + die Praxis → _____ Zahnarztpraxis

g) das Handy + die Tasche → _____ Handytasche

h) der Geburtstag + die Feier → _____ Geburtstagsfeier

i) die Stadt + das Zentrum → _____ Stadtzentrum

j) die Arbeit + der Platz → _____ Arbeitsplatz

k) die Zeitung + der Artikel → _____ Zeitungsartikel

2. **Zu welcher Gruppe gehören die folgenden Zusammensetzungen?** 下列复合词属于哪种类型？请填入相应的编号。

a) Nomen + Nomen

b) Verbstamm + Nomen

c) Adjektiv + Nomen

das Autohaus _a_	das Kochbuch _____	das Blaukraut _____
die Tanzparty _____	das Telefonbuch _____	der Schlafanzug _____
der Rotwein _____	das Warmwasser _____	der Schokoladenkuchen _____
die Sonnenblume _____	der Schulbus _____	die Großmutter _____

3. **Versuchen Sie, die folgenden Zusammensetzungen aufzulösen.** 请参考示例，将下列复合词进行拆分。

a) die Tageszeitung： _die Zeitung des Tages_ _____

b) der Schneeball： _____

c) die Sonnenbrille： _____

d) der Kindergarten： _____

e) die Geburtstagskarte： _____

f) das Schlafzimmer： _____

g) der Fahrradweg： _____

h) die Geburtstagsfeier： _____

i) das Hochhaus： _____

j) die Kurzgeschichte： _____

k) die Weltmeisterschaft： _____

l) das Familienmitglied： _____

m) der Staatsbürger： _____

n) der Autoreifen： _____

o) das Krankenhaus： _____

p) der Regenschirm： _____

q) der Tennisplatz： _____

r) die Schwimmhalle： _____

s) das Fitnessstudio： _____

4. **Ergänzen Sie bitte Zusammensetzungen.** 请参考示例填入复合词，注意中缀-s-的使用。

Bestimmungswort	Grundwort	Zusammensetzungen
a) die Gesellschaft	die Ordnung	_die Gesellschaftsordnung_

（续表）

Bestimmungswort	Grundwort	Zusammensetzungen
b) das Eigentum	die Wohnung	
c) die Veränderung	der Prozess	
d) die Beziehung	das Problem	
e) die Lösung	der Weg	
f) der Liebling	die Beschäftigung	
g) der Lehrling	das Heim	
h) der Zwilling	der Bruder	
i) die Freundschaft	das Verhältnis	
j) die Mannschaft	die Sportart	
k) das Zentrum	die Leitung	
l) die Produktion	der Plan	
m) die Diskussion	der Abend	
n) die Funktion	die Störung	
o) die Fähigkeit	der Ausweis	
p) die Wahrheit	die Suche	
q) die Persönlichkeit	die Entwicklung	
r) die Schönheit	der Wettbewerb	
s) die Aktivität	die Analyse	
t) Universität	die Ausbildung	
u) die Verbindung	der Punkt	
v) die Handlung	die Weise	

5 Suffixe：-los，-voll，-arm，-reich

A. Nomen + -los

后缀-los 常常加在名词之后，构成一个形容词，表示"没有……的，无……的"。

arbeitslos → ohne Arbeit

hoffnungslos → ohne Hoffnung

sinnlos → ohne Sinn

B. Nomen + -voll

后缀-voll 常常加在名词之后，构成一个形容词，表示"充满……的，富有……的"，与后缀-los 的用法正好相反，构成一对反义词。

humorvoll → mit viel Humor

bedeutungsvoll → mit viel Bedeutung

phantasievoll → mit viel Phantasie

C. Nomen + -arm

后缀-arm 常常加在名词之后，构成一个形容词，表示"……少的，缺乏……的"。

Die Gegend ist bevölkerungsarm und sehr ruhig.

Sie kauft fettarme Milch im Supermarkt.

Der Film war ideenarm und langweilig.

D. Nomen + -reich

后缀-reich 常常加在名词之后，构成一个形容词，表示"……多的，……丰富的"，与后缀-arm 的用法正好相反，构成一对反义词。

Sie ist eine sehr erfolgreiche Geschäftsfrau.

Die Region ist bekannt für ihre waldreiche Landschaft.

Die wasserreiche Region bietet zahlreiche Möglichkeiten für Wassersportarten.

▶ Übungen

1. **Erklären Sie bitte die unterstrichenen Wortgruppen wie im Beispiel.** 请仿照例句，解释下列画线部分的词组。

   a) Das farblose Kleid passt gut zu ihren Schuhen. → *das Kleid ohne Farbe*

   b) Der freudlose Ausdruck auf ihrem Gesicht verriet ihre Traurigkeit.

   c) Die grenzenlose Weite des Ozeans beeindruckte ihn sehr.

   d) Die lieblose Art，wie sie mit ihm sprach，verletzte ihn.

   e) Der kraftlose Mann konnte kaum noch stehen.

f）Die kostenlose App war sehr nützlich für ihn.

g）Sie genießt ein sorgloses Leben in der Natur.

h）Das phantasielose Design des Gebäudes enttäuschte die Kritiker.

i）Der verständnislose Chef kritisierte seine Mitarbeiter ohne Grund.

2. **Erklären Sie bitte die unterstrichenen Wortgruppen wie im Beispiel.** 请仿照例句，解释下列画线部分的词组。

a）Der liebevolle Vater umarmte seine Tochter. → *der Vater mit viel Liebe*

b）Die schmerzvolle Erinnerung ließ ihn nicht los.

c）Die friedvolle Stille im Wald beruhigte sie.

d）Der respektvolle Umgang miteinander ist wichtig für eine gute Zusammenarbeit.

e）Der ruhmvolle Sieg wurde lange gefeiert.

f）Er erzählte eine humorvolle Geschichte，die alle zum Lachen brachte.

g）Sie schenkte ihm einen bedeutungsvollen Blick，der zeigte，wie sehr sie ihn liebte.

h）Ihre hoffungsvolle Haltung zeigte，dass sie an eine bessere Zukunft glaubte.

i）Der verständnisvolle Lehrer nahm sich Zeit，um dem Schüler die schwierigen Konzepte zu erklären.

3. **Ergänzen Sie bitte die Sätze mit den folgenden Wörtern.** 请选择下列的词填空。

> kalorienreich — kinderreich — kulturreich — wasserarm — ideenreich —
> sauerstoffarm — bevölkerungsarm — fettarm — nährstoffreich — waldreich

a）Die _____ Region leidet unter Dürre und Wasserknappheit.

b）Der _____ Boden ist ideal für den Anbau von Gemüse.

c）In _____ Gewässern können Fische und andere Wasserlebewesen nicht überleben.

d）Das _____ Essen war sehr lecker，aber nicht sehr gesund.

e）Sie achtete auf eine gesunde Ernährung und bevorzugte _____ Lebensmittel.

f）Die _____ Gegend war ein Paradies für Wanderer und Naturliebhaber.

g）Der _____ Künstler schuf immer wieder neue und faszinierende Werke.

h）In der _____ Nachbarschaft gibt es viele Spielplätze und Parks für Familien mit Kindern.

i）Die Stadt ist bekannt für ihre _____ Geschichte.

j）Die Regierung plant，die Wirtschaft in der _____ Region durch Investitionen in Infrastruktur und Tourismus anzukurbeln.

6 jährlich oder -jährig

A. Zur Bezeichnung der Zeitdauer

后缀-ig 可以加在时间说明语之后构成形容词,用来描述一段时间持续的长短,含义为"持续······之久的",常常放在名词前用作定语。

einsekündig = eine Sekunde lang 一秒钟之久的

zehnminütig = zehn Minuten lang 十分钟之久的

dreistündig = drei Stunden lang 三小时之久的

14-tägig = 14 Tage lang 十四天之久的

vierwöchig = vier Wochen lang 四星期之久的

neunmonatig = neun Monate lang 九个月之久的

100-jährig = 100 Jahre lang 一百年之久的

Beispiel:eine **zehnminütige** Pause = eine Pause,die zehn Minuten lang dauert

B. Zur Bezeichnung des Zeittaktes

后缀-lich 可以加在时间说明语之后构成形容词,表示在所指的时间间隔内重复,用来描述一种频率,含义为"每······的"。比如:

sekündlich = jede Sekunde 每一秒钟

minütlich = jede Minute 每一分钟

stündlich = jede Stunde 每一小时

täglich = jeden Tag 每一天

wöchentlich = jede Woche 每一星期

monatlich = jeden Monat 每一个月

jährlich = jedes Jahr 每一年

后缀-lich 加在时间说明语之后构成的形容词可以用作定语,也可以当状语用。比如:

das **monatliche** Gehalt = das Gehalt,das ein Angestellter jeden Monat bekommt

Wie viel kostet das Zimmer **monatlich**?

Diese Zeitung erscheint **wöchentlich**.

如果要表示"一"以上的频率,比如"每两年""每三个月""每四个星期"这种频率,可以用以下的词组来表达:

jede zweite Sekunde = alle zwei Sekunden 每两秒钟

jede dritte Minute = alle drei Minuten 每三分钟

jede vierte Stunde = alle vier Stunden 每四小时

jeden fünften Tag = alle fünf Tage 每五天

jede sechste Woche = alle sechs Wochen 每六星期

jeden siebten Monat = alle sieben Monate 每七个月

jedes achte Jahr = alle acht Jahre 每八年

Beispiel： *　Wie oft finden Olympische Spiele statt?

　　　　　 +　Alle vier Jahre（einmal）. / Jedes vierte Jahr.

▶ **Übungen**

1. **Erklären Sie bitte die folgenden Wortgruppen wie in den Beispielen.** 请仿照例句,解释下列词组。

   Beispiele：

   die dreitägige Reise = die Reise, die drei Tage dauert

   die tägliche Arbeitszeit = die Zeit, die man jeden Tag arbeitet

   a) der 15-minütige Spaziergang = _____

   b) die monatliche Steuer = _____

   c) der zweistündige Film = _____

   d) die viertägige Konferenz = _____

   e) die stündliche Pause = _____

   f) die minütliche Überprüfung = _____

   g) das einstündige Meeting = _____

   h) das sechsmonatige Praktikum = _____

   i) die tägliche Hausaufgabe = _____

   j) die monatliche Stromrechnung = _____

   k) der fünfjährige Plan = _____

   l) die jährliche Geburtstagsfeier = _____

   m) die zweijährliche Fahrzeugüberprüfung = _____

   n) die 30-sekündige Werbung = _____

   o) die dreimonatliche Untersuchung = _____

2. **Drücken Sie es bitte wie in den Beispielen aus.** 请仿照例句,将下列句子改写成词组。

   Beispiel：

   die Pause, die zehn Minuten dauert = die 10-minütige Pause

   die Reinigung, die jede Woche durchgeführt wird = die wöchentliche Reinigung

   a) der Kurs, der sechs Wochen dauert = _____

   b) die Überprüfung, die jede Minute stattfindet = _____

   c) die Sitzung, die 30 Minuten dauert = _____

   d) die Flugreise, die acht Stunden dauert = _____

   e) die Wäsche, die jede Woche gewaschen wird = _____

   f) die Medikamenteneinnahme, die jeden Tag stattfindet = _____

g) die Einkaufsliste, die jede Woche erstellt wird = _____

h) die Schulung, die acht Wochen dauert = _____

i) die Zeit, die man jedes Jahr für Urlaub hat = _____

j) das Lied, das drei Minuten dauert = _____

k) die Kontrolle, die alle drei Monaten stattfindet = _____

l) der Bericht, der alle vier Wochen erstellt wird = _____

m) die Zahlung, die alle drei Monate geleistet wird = _____

n) der Workshop, der vier Wochen dauert = _____

o) die Tochter, die neun Jahre alt ist = _____

Lern-Tipp 学习小贴士

1. 前缀 be-是一个非重读前缀，也是不可分前缀，常常用来加在一个不及物动词前，由此构成一个及物动词。比如：

   antworten auf → beantworten

   Er hat auf meine Frage mit einem Lächeln geantwortet.

   Er hat meine Frage mit einem Lächeln beantwortet.

   sprechen über → besprechen

   Wir haben gestern über das Wetter gesprochen.

   Wir haben gestern das Wetter besprochen.

2. 前缀 ver-是一个非重读前缀，也是一个不可分前缀，常常用来加在一个形容词前，由此构成一个及物动词，意为"变得……"，表示一种状态的改变。

   ver- + besser → verbessern（改善）

   Er hat seine Leistung durch hartes Training verbessert.

   ver- + breiter → verbreitern（拓宽）

   Sie haben die Straße verbreitert, um den Verkehr zu verbessern.

   类似的动词还有 vergrößern（放大）、verkleinern（缩小）、verbilligen（降价）、verlängern（延长）、verschönern（美化）、verkürzen（缩短）、verdeutlichen（阐明）等。

3. 前缀 zer-是一个非重读前缀，也是一个不可分前缀，常常加在一个动词前构成一个新的动词。用这种方式构成的动词常常表示这样一种含义：用动词词干所提到的这种方式方法将某一事物从整体分解成若干个小块，或是弄碎、弄坏，甚至是溶解。比如：

   zer- + brechen → zerbrechen（把……打碎，打破）

   Er hat versehentlich das Glas zerbrochen.

   zer- + reißen → zerreißen（撕碎，撕破）

   Sie war so wütend, dass sie das Papier in kleine Stücke zerriss.

   类似的动词还有 zerschneiden（剪碎，剪坏）、zerstören（破坏，毁坏）、zerlegen（拆开，肢解）、zerschlagen（打破，打碎）等。

▶ **Übungen**

1. **Schreiben Sie die Sätze um, indem Sie mit dem Präfix „be-" aus einem intransitiven Verb ein transitives Verb bilden.** 请用前缀 be-将下列句中的不及物动词改成及物动词，从而将整句改写。

   a) Beim Überqueren der Straße sollte man immer auf den Verkehr achten.

b) In meinem neuen Artikel schreibe ich gerade über die neuesten Entwicklungen in der Raumfahrt.

c) Meine Familie und ich wohnen in einem kleinen Haus am Stadtrand.

d) Mein Bruder sorgt für die Musik auf der Party.

e) Er öffnet die Tür und tritt in das Zimmer.

f) Die hohe Arbeitslosigkeit lastet auf der Wirtschaft des Landes.

g) Sie haben über ihre Pläne am Wochenende gesprochen.

h) Sie hat auf die Einladung mit einer Zusage geantwortet.

2. **Verwenden Sie bitte das Präfix „ver-" und schreiben Sie die Sätze um.** 请使用前缀 ver- 改写下列句子。

a) Sie haben das Haus größer gemacht, um mehr Platz für die Familie zu schaffen.

b) Sie haben das Bild kleiner gemacht, um es per E-Mail zu verschicken.

c) Sie haben die Preise billiger gemacht, um mehr Kunden anzulocken.

d) Sie möchten ihren Urlaub länger machen, um noch ein paar Tage länger am Strand zu bleiben.

e) Sie hat das Zimmer mit Blumen schöner gemacht.

f) Er hat die Wartezeit durch ein Gespräch kürzer gemacht.

g) Er hat seine Meinung durch ein Beispiel deutlich gemacht.

h) Sie hat ihre Sprachkenntnisse durch regelmäßiges Üben besser gemacht.

i) Er hat sein Wissen durch das Lesen vieler Bücher breiter gemacht.

3. **Ordnen Sie bitte zu.** 请将动词与相应的解释配对。

a) zerschneiden ＿＿＿＿　　　1) etwas in Stücke reißen

b) zerbrechen ＿＿＿＿　　　2) etwas komplett kaputt machen

c) zerreißen ＿＿＿＿　　　3) etwas in viele Stücke oder Teile brechen

d) zerstören ＿＿＿＿　　　4) etwas in kleine Stücke schneiden

4. **Ergänzen Sie bitte die Sätze mit den folgenden Wörtern. Achten Sie auf die korrekte Form. Jedes Wort kann nur einmal verwendet werden.** 请选择合适的词，并用其正确形式将下列句子补充完整。请注意，每个词只能选用一次。

zerbrechen — zerreißen — zerschneiden — zerstören

a) Um das Brot zu belegen, musste ich die Tomate erst ＿＿＿＿＿＿＿.

b) Der Sturm war so stark, dass er das Haus komplett ＿＿＿＿＿＿＿.

c) Der Junge hat das Fenster ＿＿＿＿＿＿＿, weil er mit seinem Ball spielte.

d) Sie war so wütend auf ihn, dass sie den Brief, den er ihr geschrieben hatte, in kleine Stücke ＿＿＿＿＿＿＿.

Lern-Tipp 学习小贴士

1. 前缀 ein-是一个重读前缀，也是可分前缀，常常加在一个动词前构成可分动词。前缀 ein-在一定程度上改变了动词的意义，它表示由外向内的运动方向（*ein* = nach innen 朝里）。比如：

ein- + treten → eintreten 进入，踏入

Sie tritt in das Zimmer ein und nimmt Platz.

ein- + reisen → einreisen 入境

Die Flüchtlinge durften in das Land nicht einreisen.

2. 前缀 aus-是一个重读前缀，也是一个可分前缀，常常加在一个动词前构成可分动词。前缀 aus-在一定程度上改变了动词的意义，它表示由内向外的运动方向（*aus* = nach außen 朝外）。比如：

aus- + pressen → auspressen 把……挤出来

Die Zitronen müssen gut ausgepresst werden，um den Saft zu gewinnen.

aus- + reisen → ausreisen 出境

Ich werde morgen ausreisen und zurück in mein Heimatland fliegen.

类似的动词还有 einpacken（把……包起来，包入）、auspacken（打开包装，取出）、einsteigen（上车）、aussteigen（下车）、einziehen（搬进来）、ausziehen（搬出去）、einatmen（吸气）、ausatmen（呼气）等。

▶ **Übung**

Ergänzen Sie bitte die Sätze. Achten Sie auf die korrekte Form. 请选择合适的词并用其正确形式填空。

    a) Ich habe meine Tasche _____ und bin bereit für die Reise. （einpacken/auspacken）

    b) Ich muss meine Tasche _____, um meine Sachen zu finden. （einpacken/auspacken）

    c) Ich werde in den nächsten Tagen nach Deutschland _____. （einreisen/ausreisen）

    d) Ich bin gestern aus Frankreich _____ und bin jetzt wieder zu Hause. （einreisen/ausreisen）

    e) Bitte denken Sie daran, beim Erreichen Ihres Zieles aus dem Bus _____. （einsteigen/aussteigen）

    f) Bitte warten Sie, bis alle Passagiere ausgestiegen sind, bevor Sie in den Bus _____. （einsteigen/aussteigen）

    g) Ich habe tief _____ und dann langsam wieder _____. （einatmen/ausatmen）

    h) Ich werde bald in eine neue Wohnung _____. （einziehen/ausziehen）

    i) Meine Eltern werden morgen aus der Wohnung _____, nachdem sie hier fast 30 Jahre gelebt haben. （einziehen/ausziehen）

j) Das Kreuzfahrtschiff wird heute Abend um 18 Uhr aus dem Hafen _____ und seine Reise auf dem Meer fortsetzen. (einfahren/ausfahren)

k) Der Zug wird in Kürze in den Bahnhof _____. (einfahren/ausfahren)

l) Ich werde in meine Küche eine neue Spülmaschine _____ lassen. (einbauen/ausbauen)

m) Ich muss das alte Regal aus meinem Zimmer _____, um Platz für das neue zu schaffen. (einbauen/ausbauen)

9 Adjektivzusammensetzungen

 Lern-Tipp 学习小贴士

1. 复合形容词大多由两个独立的词构成。其第二个词总是形容词，第一个词可以来自各种词类：形容词、名词或动词。比如：

   形容词＋形容词 → hellrot（浅红的），schwerkrank（重病的）

   名词＋形容词 → bildschön（美丽如画的），steinhart（坚硬如石的）

   动词＋形容词 → denkfaul（懒于思考的），kochfertig（可直接烹饪的）

2. ur-、riesen-、stein-、hoch-、tief-、bild-、bitter-、tod-常常用来加在一个形容词前，构成一个复合形容词。它们原本大多是独立的词，加在一个形容词前可以加强形容词的语义和语气，含有"非常……，很……，极……"的意义。比如：

   ① alt → uralt（古老的，极老的）

   komisch → urkomisch（极滑稽的）

   ② groß → riesengroß（巨大的，庞大的）

   ③ reich → steinreich（非常富有，富可敌国）

   ④ begabt → hochbegabt（极具天赋的）

   interessant → hochinteressant（极有趣的）

   ⑤ beeindruckt → tiefbeeindruckt（给……留下极深印象的）

   gekränkt → tiefgekränkt（深受伤害的，极受伤害的）

   ⑥ schön → bildschön（非常美丽，美如画）

   ⑦ böse → bitterböse（极度生气，非常愤怒）

   kalt → bitterkalt（刺骨寒冷，非常冷）

   ⑧ sicher → todsicher（绝对安全，极有把握）

   müde → todmüde（极累的，累得要死）

   langweilig → todlangweilig（非常无聊，无聊得要死）

3. 有些复合形容词中的第一部分在内容上对第二部分起进一步限定作用。比如：

   steinhart = hart wie Stein

   riesengroß = groß wie ein Riese

   bildschön = schön wie ein Bild

   kochfertig = fertig zum Kochen

   denkfaul = faul im Denken

▶ **Übungen**

Ergänzen Sie bitte die Sätze. Achten Sie auf die korrekte Form. Jedes Wort kann nur einmal verwendet werden. 请选择合适的词并用其正确形式填空。请注意，每个词只能选用一次。

| urkomisch — urgemütlich — uralt |

a) Das Schloss in der Stadt ist _____ und hat eine lange Geschichte.

b) Der Clown im Zirkus war _____ und brachte das Publikum zum Lachen.

c) Das kleine Café um die Ecke ist _____ und perfekt zum Entspannen.

| riesengroß — riesenstark |

d) Der Hund ist _____ und hilft den Kindern，wenn sie im Garten spielen.

e) Der Supermarkt hat eine _____ Auswahl an Lebensmitteln.

| steinreich — steinhart |

f) Der Unternehmer ist _____ und besitzt mehrere Luxusvillen.

g) Das Brot war _____ und nicht mehr essbar.

| hochbegabt — hochinteressant — hochelegant |

h) Die Frau trug ein _____ Abendkleid bei der Gala.

i) Der junge Musiker ist _____ und spielt mehrere Instrumente perfekt.

j) Die Vorlesung über Astronomie war _____ und fesselnd.

| tiefbeeindruckt — tiefgekränkt — tieftraurig |

k) Als sein Haustier gestorben ist，war er _____ und konnte nicht aufhören zu weinen.

l) Er fühlte sich _____ , als er die Kritik hörte.

m) Ich war _____ von der Kunstausstellung im Museum.

| bildschön — bildhübsch |

n) Das Baby war _____ mit seinen strahlenden Augen und roten Wangen.

o) Die Frau war _____ und zog alle Blicke auf sich.

| bitterböse — bitterkalt — bitterernst |

p) Draußen war _____ , und ich zog meinen Mantel enger um mich.

q) Der Lehrer sprach mit _____ Miene über die Bedeutung der Prüfung.

r) Er war _____, als er erfuhr, dass sein Auto gestohlen worden war.

> todsicher — todmüde — todlangweilig — todhungrig

s) Nach einem langen Arbeitstag war ich _____ und konnte kaum Augen offenhalten.

t) Der Vortrag über Steuerrecht war _____ und ich musste gegen das Einschlafen kämpfen.

u) Nach dem Sporttraining war ich _____ und aß eine große Portion Pasta.

v) Der erfahrene Schwimmer war _____, dass er den Wettkampf gewinnen würde.

Lösungen

A Wortschatz zum Thema

1 Vorstellung und Begrüßung

Übung 1

a) Tag, Name, Herr, Wie, Familienname, buchstabieren, freut, Woher, Aus

b) heißt, Hallo, Wie, Wo,

c) vorstellen, angenehm, geht, Auch

Übung 2

a) 4   b) 6   c) 7   d) 8   e) 3   f) 2   g) 5   h) 1

Übung 3

a) Woher kommen Sie?

b) Wie heißen Sie? / Wie ist Ihr Name?

c) Wo wohnen/studieren/arbeiten/leben Sie?

d) Wohin fliegen/fahren Sie?

e) Wie alt sind Sie?

f) Wie ist Ihre Handynummer?

g) Was ist im Koffer?

h) Wie ist Ihre Adresse?

i) Wie geht es Ihnen? / Wie geht es dir?

Übung 4

a) Schweiz

b) Deutsche, Deutsch

c) China, Chinesisch

d) Österreich, Deutsch

e) USA

f) Italienerin, Italienisch

g) Spanien, Spanier

h) Frankreich, Französisch

i) Koreaner, Koreanisch

j) Engländerin, Englisch

k) Japan, Japanisch

l) Russland, Russisch

Übung 5

a) 10, fünf mal zwei ist zehn

b) 4, acht durch zwei ist vier

c) 8, zwei plus sechs ist acht

d) 9, zehn minus eins ist neun

e) 2, zwölf durch sechs ist zwei

f) 12, drei plus neun ist zwölf

g) 12, vier mal drei ist zwölf

h) 4, elf minus sieben ist vier

i) 8, sieben plus eins ist acht

j) 8, zwölf minus vier ist acht

k) 2, sechs durch drei ist zwei   l) 9, drei mal drei ist neun

2 Familie

Übung 1

Jahre, verheiratet, Ingenieur, Kinder, Tochter, Rentner, Geschwister, Bruder, arbeitet als, geschieden, Großeltern, tot, Verwandte, Onkel, Tante, besuchen

Übung 2

a) Tante	b) Neffe	c) Großmutter	d) Großeltern
e) Schwiegermutter	f) Cousine	g) Onkel	h) Schwiegersohn

Übung 3

a) die Polizistin	b) die Friseurin	c) die Lehrerin	d) der Koch
e) die Kellnerin	f) der Taxifahrer	g) die Mechanikerin	h) der Arzt

i) die Bäckerin

Übung 4

a) bin	b) bei	c) arbeite als	d) ledig	e) Brüder
f) Informatik	g) studiere	h) Kinder	i) alt	

Übung 5

Maschinenbau, werden, arbeite, als, Geld, Gäste, Studium, Kollegen, Chef, Spaß, gibt es, geht, arbeiten

3 Einkaufen

Übung 1

a) das Wasser, das Bier   b) der Kaffee, der Tee

c) die Tomaten (*Pl.*), der Salat, das Brot, das Eis, die Butter, der Käse, die Marmelade

d) der Schinken, der Wurst, das Fleisch, die Kartoffeln (*Pl.*), die Nudeln (*Pl.*)

Übung 2

1. fünf Flaschen Milch	2. drei Salate
3. ein Kilo Äpfel	4. zwei Glas Marmelade
5. zwei Packungen Eier	6. ein Beutel Kartoffeln
7. 100 Gramm Käse	8. drei Stück Erdbeerenkuchen
9. sechs Becher Joghurt	10. drei Kilo Tomaten
11. drei Dosen Thunfisch	12. fünf Tafeln Schokolade
13. eine Packung Nudeln	14. eine Packung Reis
15. zwei Flaschen Saft	16. zehn Brötchen

Übung 3

b) 42, vierundachtzig durch zwei ist zweiundvierzig

c) 92, sechsundsiebzig plus sechzehn ist zweiundneunzig

d) 28, neununddreißig minus elf ist achtundzwanzig

e) 11, sechsundsechzig durch sechs ist elf

f) 27, achtzehn plus neun ist siebenundzwanzig

g) 150, fünfzig mal drei ist hundertfünfzig

h) 79, sechsundachzig minus sieben ist neunundsiebzig

i) zweihundertvier

j) eintausendneunhundertsechsundfünfzig

k) zweihunderttausendvierhundertdreiunddreißig

l) fünf Millionen, zweihundertzehn

m) dreizehn Millionen, sieben

n) dreiundvierzigtausendfünf

o) fünftausendeins

Übung 4

a) vier Euro dreißig (Cent)

b) neunundneunzig Cent

c) ein Euro sechsundfünfzig (Cent)

d) fünfzehn Euro neunundvierzig (Cent)

e) siebenunddreißig Cent

f) hundertsiebenundfünfzig Euro achtzig (Cent)

g) zwei Euro fünf (Cent)

h) zehn Euro eins / zehn Euro ein Cent

i) ein Euro

j) sechs Euro neunundneunzig (Cent)

Übung 5

a) 7   b) 4   c) 2   d) 1   e) 8   f) 5   g) 6   h) 3

Übung 6

Tag, wünschen, Obst, lecker, Äpfel, Bananen, kosten, Kilo, pro, nehme, Hier, sonst noch, das war's, macht, Dank, zurück, schön, Wiedersehen

Übung 7

bezahlen, Karte, PIN, Kassenzettel, Tüte, Tasche, klar, auch

4 Termine

Übung 1

a) 8.30 → Es ist acht Uhr dreißig. / Es ist halb neun.

b) 9.45 → Es ist neun Uhr fünfundvierzig. / Es ist Viertel vor zehn.

c) 10.20 → Es ist zehn Uhr zwanzig. / Es ist zwanzig nach zehn.

d) 11.00 → Es ist elf Uhr. / Es ist elf.

e) 13.25 → Es ist dreizehn Uhr fünfundzwanzig. / Es ist fünf vor halb zwei.

f) 15.31 → Es ist fünfzehn Uhr einunddreißig. / Es ist eins nach halb vier.

g) 18.50 → Es ist achtzehn Uhr fünfzig. / Es ist zehn vor sieben.

h) 21.59 → Es ist einundzwanzig Uhr neunundfünfzig. / Es ist eins vor zehn.

i) 22.00 → Es ist zweiundzwanzig Uhr. / Es ist zehn.

j) 23.01 → <u>Es ist dreiundzwanzig Uhr eins. / Es ist eins nach elf.</u>

Übung 2

a) neun Uhr   b) neun Uhr vierzig, zehn Uhr   c) neunzehn Uhr dreißig

d) elf Uhr siebenundfünfzig   e) elf Uhr vierzig

Übung 3

a) halb sieben   b) sieben   c) halb acht   d) acht   e) zehn

f) Viertel nach zehn   g) halb eins   h) halb zwei, drei   i) halb vier   j) fünf

k) sechs   l) halb acht   m) acht   n) halb zehn   o) zehn

Übung 4

a) 5   b) 3   c) 4   d) 6   e) 1   f) 7   g) 2

Übung 5

2. Am Dienstag geht Anne um 15 Uhr schwimmen.

3. Am Mittwoch geht Anne um 13.30 Uhr in die Bibliothek.

4. Am Donnerstag spielt Anne um 18 Uhr Tennis.

5. Am Freitag geht Anne um 20.15 Uhr mit Alex ins Kino.

6. Am Samstag trifft sich Anne um 17.50 Uhr mit Freunden.

7 Am Sonntag schläft Anne lange.

Übung 6

Dialog 1: vereinbaren, helfen, Zahnschmerzen, am, um, spät, früher, passen, Dank, Wiederhören

Dialog 2: spricht, frei, hier, absagen, auf, verschieben, überhaupt, Geht, möglich, Information

Dialog 3: ist, Hast, Spaziergang, super, Termin, Geht, bisschen, treffen

5   Auf der Post

Übung 1

a) Briefträger   b) schicken   c) Briefumschlag   d) Land

e) Briefmarke   f) holen, ab   g) an   h) abgeben

i) ausfüllen   j) zu, zu

Übung 2

1 der Absender, 2 die Briefmarke, 3 der Empfänger, 4 die Straße, 5 die Hausnummer, 6 die Postleitzahl (PLZ), 7 die Stadt

Übung 3

Postkarte, Postamt, Briefmarke, Post, Postbote, Paket, Adresse

Übung 4

Dialog 1: helfen, Briefmarke, kostet, Standardbrief, einwerfen, Briefkasten, Fragen, nett

Dialog 2: schicken, funktioniert, Lieferzeit, per, Option, Waage, Rest, Verfügung

Übung 5

a) Heute   b) vorgestern   c) Morgen   d) Gestern   e) übermorgen

6   Die Einladung

Übung 1

Dialog 1: Wollen, gerne, Wann, Samstagabend, leid, andere Pläne, Sonntagabend, okay,
         treffen, bis

Dialog 2: geht, Ihnen, haben, vor, einladen, zum, Einladung, mitbringen, nett, notwendig,
         freundlich

Übung 2

Die Einladung:

ich mache am Freitagabend eine Party, und möchte dich herzlich einladen. Die Party fängt um
20.00 Uhr an. Kannst du etwas zu trinken mitbringen?

Ich freue mich auf dich.

Zusage auf die Einladung:

vielen Dank für die Einladung zu deiner Party. Es freut mich sehr und ich komme gerne. Ich
bringe Getränke mit.

Bis bald!

Absage auf die Einladung:

vielen Dank für die Einladung zu deiner Party. Leider kann ich nicht zur Party kommen, denn ich
habe an diesem Tag schon etwas anderes vor. Ich wünsche euch einen wunderschönen Abend. Viel
Spaß!

Ich hoffe, wir sehen uns bald mal wieder!

Übung 3

a) Viel Erfolg!   b) Viel Spaß!   c) Herzlichen Glückwunsch zum Geburtstag!

d) Ich gratuliere!   e) Gute Besserung!   f) Gesundheit!

g) Entschuldigung!   h) Guten Appetit!   i) Viel Glück!

Übung 4

tanzen, Fahrrad, kaufe, ein, Spaziergang, Kino, schwimmen, Konzert, Zoo, Theater, Kneipe,
Deutsch, lese, laufen, Museum, Galerie, treffen

7   Essen und Trinken

Situation 1   Einen Platz suchen

Dialog 1: leid, besetzt, frei, sicher, setzen, Problem, voll, lecker, Speisekarte, Appetit

Dialog 2: für, folgen, Platz, Hier, sicher, bestellen, brauchen, Zeit, zurück, nett

Situation 2   Auswählen

Gerichte, genauso, Leichtes, frisch, nehme, teilen, probieren, Trinken

Situation 3   Bestellen

wünschen, nehme, Verstanden, mit, sonst, Stück, Bestellung, Genießen

Situation 4   Bezahlen

bezahlen, Zusammen, Rechnung, bar, macht, Hier, Stimmt, freundlich

Situation 5   Reklamieren

Verzeihen, roh, tut, bringen, nett, Ordnung, Verfügung, Hilfe, wünsche

8   Lebenslauf

Übung 1

a) Am Wievielten findet das Konzert statt?   b) Der Wievielte ist dein/Ihr Hochzeitstag?

c) Am Wievielten hat Sarah Geburtstag?   d) Am Wievielten beginnt das Festival?

e) Der Wievielte ist Weihnachten?   f) Am Wievielten endet die Konferenz?

g) Der Wievielte ist heute?   h) Am Wievielten feiern sie ihren Jahrestag?

Übung 2

Lebenslauf 1

a) ist, geboren   b) besucht   c) begonnen   d) gedauert

e) hat, mit, abgeschlossen   f) als, gearbeitet   g) verheiratet, Kinder

Lebenslauf 2

a) geboren   b) besucht   c) Anschließend   d) absolviert

e) Von, bis, als   f) Im Jahr, Praktikum   g) ledig

Lebenslauf 3

a) geboren   b) die Grundschule   c) das Gymnasium   d) zwei Jahre, gearbeitet

e) teilgenommen   f) gemacht   g) ledig

Übung 3

a) 7   b) 2   c) 4   d) 5   e) 8   f) 9   g) 1   h) 10   i) 3   j) 6

9   Kleidung

Übung 1

a) Mantel   b) Rock   c) Schuhe   d) Hosen   e) T-Shirt

f) Schal   g) Jacke   h) Socken

Übung 2

a) roten, weißen   b) weiße   c) braun/gelb/orange/rot   d) bunt

e) Gelb   f) golden/gelb   g) rot   h) weißen

i) grüne   j) blau   k) schwarz

Übung 3

a) 4   b) 6   c) 2   d) 1   e) 7   f) 5 (Streifen)   g) 3 (Punkten)

Übung 4

Sachen, findest du, zu, Passt mir, steht mir, passt zu dir, Passt sie zu mir, gefällt dir, passt zu

Übung 5

Dialog 1

helfen, Hose, Auswahl, bequem, in, in, gibt es, an

Dialog 2

gefällt, kleiner, besser, kostet, kostet, gerne

Dialog 3

groß, Rechnung, umtauschen, Größe, kleinere, aus

Dialog 4

zurückgeben, Rechnung, zurückzahlen, auswählen, Kaufbetrag, Füllen ... aus

10   Personenbeschreibung

Übung 1

a) kräftig   b) schlank   c) dünn   d) zierlich   e) vollschlank   f) dick

Übung 2

a) mittelgroß   b) groß   c) sehr groß   d) klein

Übung 3

a) ovales, braune, glatt   b) rundes, blaue, kurze, lockige

c) schmales, grüne, lange, gewellte   d) großes, schwarze, mittellang, glatt

11   Die Wohnung

Übung 1

a) Schlafzimmer   b) Arbeitszimmer   c) Esszimmer   d) Badezimmer

e) Wohnzimmer   f) Küche   g) Klo   h) Diele

i) Balkon   j) Kinderzimmer

Übung 2

a) bei, gemütlich, Miete

b) Studenten, Quadratmeter, kostet, Nebenkosten, praktisch, günstig

c) WG, beträgt, teile, Mitbewohnern

d) Stock, gehört, alleine, höher, inklusive

Übung 3

ein Bett, einen Schrank, einem Tisch, Stühlen, ein ... Sofa, eine Lampe, Regale, einen Spiegel, Teppiche, Ein Fernseher

Übung 4

Anzeige, Wohnung, herein, zeige, Zimmer, 60, Küche, hoch, beträgt, inklusive, Balkon, Stock, Aussicht, verfügbar, unterschreiben, Dusche, Bescheid

Übung 5

liegt, Stadtrand, Schlafzimmer, Wohnzimmer, Küche, Entspannung, hell, Lieblingsplatz, Arbeitsfläche, plaudern, baden, Von, Blick, Garten, Natur, Freien, Atmosphäre, wohl

12 Reisen

Übung 1

a) 7   b) 6   c) 8   d) 2   e) 9   f) 3   g) 5   h) 1   i) 4

Übung 2

Reise, Koffer, Reisepass, Ticket, Flugzeug, ankommen, Stadtrundfahrt, Sehenswürdigkeiten, Stadtplan, Abfahrt

Übung 3

reservieren, helfe, planen, Doppelzimmer, Ausblick, Aussichtsmöglichkeiten, Stadt, Garten, Einzelbetten, beträgt, Frühstück, Kontaktdaten, Telefonnummer, Fragen, entfernt, nehmen, freuen, begrüßen,

Übung 4

① Urlaub, reisen, Meer, Italien, kostet, Unterkunft, Pauschalreise, Halbpension, Ausflüge, Buchung,

② a) 6   b) 5   c) 1   d) 2   e) 7   f) 3   g) 8   h) 4

13 Auskunft und Verkehr

Übung 1

a) Fahrrad, U-Bahn, gehe zu Fuß

b) Schiff, Flugzeug, Zug

c) Straßenbahn, Bus, Auto

Übung 2

Dialog a)

zum, bis zur, bis zum, Am, nach, in die, Nach, rechten

Dialog b)

fremd, überlegen, bis zur, in die, entlang, links, Am, über die

Übung 3

Dialog a)

+   Entschuldigung, ich möchte gern zum Olympia-Stadion.

∗   Da müssen Sie umsteigen. Sie nehmen hier die S7 und fahren bis zum Westkreuz.
    Am Westkreuz nehmen Sie die S5 bis zum Olympia-Stadion.

+   Vielen Dank.

Dialog b)

+   Entschuldigung, wie komme ich zur Uhlandstraße?

* Da müssen Sie umsteigen. Sie nehmen hier die U2 und fahren bis zum Wittenbergplatz. Am Wittenbergplatz nehmen Sie die U1 bis zur Uhlandstraße / bis zur Endstation.

+ Vielen Dank.

Dialog c)

+ Entschuldigung, ich möchte gern zum Ostbahnhof.

* Da müssen Sie umsteigen. Hier nehmen Sie die U6 und fahren bis zur Friedrichstraße. In der Friedrichstraße fahren Sie mit der S7 oder S5 bis zum Ostbahnhof.

+ Vielen Dank.

Übung 4

zurück, Klasse, reservieren, umsteigen, BahnCard, kostet, Gleis, Verbindung

14 Sportarten und Freizeit

Übung 1

a) Sport: Gymnastik machen, Fußball spielen, Fahrrad fahren, Ski fahren, Yoga machen, schwimmen, joggen, Golf spielen

b) Natur: in den Park gehen, im Garten arbeiten, spazieren gehen, wandern

c) Kultur: Zeitung lesen, ins Kino gehen, ins Museum gehen, Briefmarken sammeln

d) Musik: Violine spielen, im Chor singen, Musik hören

e) Familie und Freunde: Karten spielen, Computerspiele spielen, zusammen kochen

Übung 2

a) Sportart treibst, Verein, trainieren   b) für, gegen   c) gewonnen, steht, für

d) Stadion   e) Sportplatz, Sporthalle, Fitness-Studio

Übung 3

ausschlafen, lese, interessiere mich für, gehe, spazieren, fahre, Rad, treffe mich, gehen, Kino, Theater, Bar, Restaurant, macht, Spaß, gehe, aus, surfe, chatte, höre, Musik, gefällt

15 Frauen

Übung 1

a) berufstätige   b) Hausfrau   c) Karrierefrau   d) Erziehungsurlaub

e) Gleichgewicht   f) Schwangerschaftsurlaub   g) Frauenemanzipation   h) alleinerziehende

Übung 2

Kinder erziehen, Hausarbeit machen, Herausforderung, selbstständig, Teilzeit, Vollzeit, Partnerschaft, Balance, vereinbaren

Übung 3

a) vorantreiben   b) Unabhängigkeit   c) Erwartungen   d) gestalten

e) getroffen   f) Lebensmodell   g) Entscheidungen   h) Respekt

i) persönlich   j) Freiheit

16   Kinder und Jugendliche

Übung 1

Grundschule, obligatorisch, lernen, Empfehlung, Hauptschule, Realschule, Berufsausbildung, Gymnasium, Abitur, studieren, Gesamtschulen, Schulsystem

Übung 2

Notensystem, Note, schlechteste, durchgefallen, Zeugnis, bleibt ... sitzen

Übung 3

a) ... macht das Abitur.　　　b) ... studiert.　　　c) ... geht in die Schule.

d) ... macht ein Praktikum.　　e) ...macht eine Berufsausbildung.

Übung 4

a) Schüler, Noten　　　b) Schulzeit, Fächer　　　c) Mathematik, Rechnen

d) Abitur　　　e) Universität　　　f) Hausaufgaben

g) chatten　　　h) Popmusik, herunterzuladen　　　i) flirtet

j) Beruf　　　k) träumen　　　l) Computerspiele

m) Internetcafé

17   China

Übung 1

Ostasien, Fläche, Bevölkerung, Kalligraphie, Peking-Oper, der Gelbe Fluss, Mount Qomolangma, die Verbotene Stadt, Reform- und Öffnungspolitik, Die Seidenstraßeninitiative

Übung 2

das Frühlingsfest　D　　　　das Drachenbootfest　B

das Laternenfest　C　　　　das Mondfest　A

das Qingming-Fest　E　　　　das Chongyang-Fest　F

Übung 3

der Panda　G　　　　die Akupunktur　D

die Terrakotta-Armee　E　　　　die Große Mauer　K

Yin und Yang　C　　　　der Tee　B

die Seidenstraße　F　　　　der Drache　A

Shanghai　I　　　　das Mandarin　J

Tai Chi　H　　　　der Konfuzianismus　L

Übung 4

Ostasien, Quadratkilometern, Einwohnern, Peking, Provinzen, Shanghai, Bevölkerungsdichte, Yangtze, Taiwan, Fläche, Berge, Himalaya, Höhe, warm, kalt

18   Deutschland

Übung 1

Mitteleuropa, Bevölkerung, 16, Hauptstadt, Euro, Currywurst, Oktoberfest, Dom, Neuschwanstein

Übung 2

a) Brandenburger Tor   b) Berliner Mauer   c) Oktoberfest   d) Schwarzwälder Kirschtorte

e) Autobahn   f) Bier   g) Rhein

Übung 3

d) → b) →g) →f) →h) → c) → e) → a)

Übung 4

Wiedervereinigung, Alliierten, Besatzungszonen, Bundesrepublik Deutschland, Deutschen Demokratischen Republik, Berliner Mauer, 3. Oktober, glücklicher, Nationalfeiertag

19   Berufe

Übung 1

a) Kollegen   b) Bewerbung   c) Gehalt   d) Praktikum

e) Probezeit   f) Arbeitsvertrag   g) Team   h) Ausbildung, Firma

i) Karriere   j) Arbeitslosigkeit   k) Stellenangebot   l) Weiterbildung

Übung 2

a) 10   b) 5   c) 9   d) 12   e) 11   f) 1   g) 14   h) 16   i) 15   j) 2

k) 17   l) 13   m) 20   n) 3   o) 19   p) 4   q) 7   r) 8   s) 6   t) 18

Übung 3

motiviert, selbstständig, Ganztags, flexiblen, Kontakt, kreativ, herausfordern, anstrengend, reduzieren, sicheren, Überstunden, Stress, Arbeitsumfeld

20   Gesundheit

Übung 1

a) Ohren, Augen, Nase, Mund   b) Beine   c) Füße   d) Hand   e) Zahn

f) Lungen   g) Herz   h) Muskeln   i) Bauch   j) Magen

Übung 2

a) Grippe   b) Lungenentzündung   c) Schnupfen   d) Bluthochdruck

e) dir den Arm brichst   f) Verstopfung   g) Fieber   h) Fußverletzung

i) Bauchschmerzen   j) hustest

Übung 3

a) Temperatur messen   b) Medikamente verschreiben

c) Lunge und Herz abhören   d) in den Hals schauen

e) Blut abnehmen und untersuchen   f) geröntgt

g) eine Spritze geben   h) den Puls fühlen

i) den Blutdruck, messen   j) operieren

Übung 4

a) Wunde   b) Schmerzen   c) Verschreibung   d) Erkältung

e) Medikamente f) Termin, Wartezimmer g) Nase   h) Fieber

i) Rezept   j) Krankschreibung   k) Gesundheitskarte l) Tablette

m) Quartal   n) Augenschmerzen   o) Symptome   p) Verletzung

Übung 5

Impfung, Ausbreitung, Coronavirus, Pandemie, Infektion, Lungenentzündung, Masken, Abständen, Handhygiene

Übung 6

a) 5   b) 1   c) 4   d) 3   e) 2

Übung 7

Guten Tag, ich würde gerne einen Termin bei einem Arzt vereinbaren.; Ich würde gerne einen Termin bei Frau Doktor Müller machen. Ich habe seit einigen Tagen starke Kopfschmerzen und ich denke, ich brauche eine Untersuchung.; Ja, das ist in Ordnung. Was muss ich tun, um den Termin zu bestätigen?; Ja, mein Name ist Max Pöppelmann, meine Telefonnummer ist 0123-45678910 und ich bin bei der AOK versichert.; Verstanden, vielen Dank.

Übung 8

Guten Morgen, ich habe starke Kopfschmerzen, Halsschmerzen und fühle mich sehr müde.; Aahh.; Ja, ich habe auch Schnupfen und manchmal Husten.; OK, vielen Dank. Kann ich arbeiten gehen oder soll ich zu Hause bleiben?; OK, danke, Frau Doktor.

21 Auf der Bank

Übung 1

a) 4   b) 7   c) 6   d) 1   e) 3   f) 5   g) 2

Übung 2

a) eröffnen   b) kündigen/schließen   c) überziehen   d) abheben

e) sparen   f) einzahlen   g) auszahlen   h) überweisen

Übung 3

a) Konto, Bank, Geldautomaten   b) Überweisung   c) bar, bargeldlos

d) Kreditkarte, EC-Karte   e) Zinsen   f) wechseln

g) Geheimzahl   h) überziehen   i) Geldscheine, Münzen

j) Bankleitzahl, Kontonummer   k) wechseln

Übung 4

4), 7), 1), 6), 9), 8), 2), 5), 3)

22 Massenmedien

Übung 1

a) E-Mail	b) Internet	c) Dokument	d) einschalten
e) auszuschalten	f) ausdrucken	g) speichern	h) anklicken
i) googeln	j) surfen	k) Werbung	l) Wetterbericht
m) Daten	n) geöffnet, geschlossen	o) Taste	

Übung 2

a) 8   b) 10   c) 6   d) 5   e) 3   f) 2   g) 4   h) 1   i) 9   j) 7

Übung 3

Dokumentarfilme, informieren, Reality-Shows, verfolgen, öffentlich-rechtliche, traditionelle, Kultur, konzentrieren, senden, Themen

Übung 4

unverzichtbare, spielen, zocken, Kontakt, senden, Videos, auszutauschen, Schule, Abenteuer, Freunden, Unterhaltung, begrenzen, Interaktionen

23 Wünsche – Hoffnungen – Träume

Übung 1

a) wünsche	b) träumt	c) träumt	d) hofft	e) träume
f) hoffe	g) wünscht	h) träumt	i) wünsche	j) hofft
k) träumt	l) hofft	m) wünsche	n) wünschen	o) hofft
p) hoffen				

Übung 2

a) Traum/Wunsch	b) verwirklichen	c) Hoffnung	d) gegangen
e) zerstört	f) äußerte/äußert	g) Traum/Wunsch	h) erzählt/erzählte
i) aufgeben	j) habe		

Übung 3

material, Emotionen, ambitioniert, kurzfristig, motivieren, inspirieren, Potenzial, entfalten

24 Nachrichten – Klatsch – Gerüchte

Übung 1

a) Nachricht	b) Gerücht	c) Klatsch	d) Gerücht	e) Nachricht
f) Klatsch	g) Nachricht	h) Gerücht	i) Klatsch	

Übung 2

a) höre	b) Klatsch	c) Gerücht	d) lesen/kommentieren
e) liest	f) bestätigen/überprüfen	g) verbreiten	h) Nachrichten
i) Klatsches	j) überprüfen/bestätigen	k) Klatsch, Gerüchte	l) verbreiten
m) widerlegen	n) kommentieren	o) sehen	

Übung 3

seriösen, Privatleben, überprüfen, weiterverbreitet, beeinflussen, umzugehen, respektieren, betrachten, hinterfragen, vermeiden

B Wortschatzdifferenzierung

1 besuchen – besichtigen

a) besuchen | b) besucht | c) besichtigt | d) besuchen

e) besichtigen | f) besuchen | g) besichtigen | h) besuchen

i) besucht | j) besucht

2 wissen, kennen und kennenlernen

kennen – kennenlernen

a) kenne | b) kennengelernt | c) kennt | d) kennenlernen

e) kennengelernt | f) kennt | g) kennen | h) kennengelernt

i) kenne | j) kennen

kennen – wissen

a) kenne | b) kennst | c) weiß | d) kennen | e) weiß

f) wissen | g) kennt | h) wisst | i) weiß | j) weiß

k) weißt | l) kennt | m) kennt | n) wissen | o) weiß

3 erfahen – wissen

a) weiß | b) erfahren | c) Weißt | d) erfahren | e) weiß

f) weiß | g) erfahren | h) erfahren | i) wissen | j) weiß

4 suchen – finden

a) suche | b) findet | c) finden | d) suchen | e) sucht

f) gefunden | g) gefunden | h) suchst | i) gefunden | j) sucht

5 finden – feststellen

a) finde | b) feststellen | c) finden | d) finden | e) feststellen

f) finde | g) feststellen | h) festgestellt | i) findest | j) feststellen

6 erziehen (die Erziehung) – ausbilden (die Ausbildung)

Übung 1

a) erzogen | b) erziehen | c) bildet ... aus | d) erziehen

e) bildet ... aus | f) erziehen | g) bildet ... aus | h) ausbilden

i) bildet ... aus | j) erzogen | k) ausbilden | l) ausbilden

Übung 2

a) Erziehung   b) Ausbildung   c) Erziehung   d) Ausbildung

e) Ausbildung   f) Erziehung

7   lernen – studieren

a) lerne   b) studieren   c) studiert   d) lernt   e) lernen

f) lernt   g) studieren   h) lernt   i) studiert   j) gelernt

8   spielen

a) spiele, mit   b) spielt   c) spielt, gegen   d) spielen, mit

e) spielt   f) spielen   g) spiele, gegen   h) spielen

i) spiele, mit   j) spiele

9   alles – alle; viel(es) – viele; beides – beide

Übung 1

a) alles   b) Alle   c) Alle   d) alle   e) alles

f) alles   g) alles   h) Alle   i) Alle

Übung 2

a) Viele   b) Viele   c) Vieles   d) Vieles   e) Viele

f) Vieles   g) Viele   h) Vieles   i) Viele

Übung 3

a) beide   b) Beide   c) Beides   d) beide   e) Beide

f) Beides   g) Beide   h) Beides

10   das Land – das Bundesland – das Ausland – das Inland

a) Bundesland   b) Land   c) Ausland   d) Inland

e) Bundesländern   f) Ausland   g) Land   h) Ausland, Inland

i) Bundesland   j) Land   k) Bundesland   l) Ländern

m) Land/Bundesland   n) Land   o) Inland   p) Ausland

q) Land

11   sagen – sprechen (über)

a) sagt   b) spricht   c) sagen   d) sprechen   e) spricht

f) sagt   g) sagen   h) sagt   i) spricht   j) sagt

k) spricht   l) sagen   m) sagte   n) sprechen   o) sagte

p) sagt   q) spricht   r) sagen   s) gesagt   t) sprechen

u) gesagt

12 diskutieren über – sich unterhalten (über)

Übung 1

a) sich unterhalten   b) diskutieren   c) sich unterhalten   d) diskutieren

e) sich unterhalten   f) diskutieren   g) diskutieren   h) diskutieren

Übung 2

a) unterhalten sich   b) diskutieren   c) unterhält sich   d) diskutieren

e) unterhalten sich   f) diskutieren   g) diskutieren   h) unterhalten sich

13 man – der Mann, ⸚ er

a) Man   b) Mann   c) Man   d) Mann   e) Mann

f) Man   g) man   h) Mann   i) Männer   j) einen

k) einem   l) Männer   m) einen   n) einem   o) einen

p) Man   q) Männer   r) Mann   s) Mann   t) Man

u) Mann   v) Männer

14 Verben des Sagens

meinen – erklären – erzählen – berichten – betonen – behaupten – mitteilen

a) mitteilen   b) betont   c) behauptet   d) berichtet   e) erklärt

f) erzählt   g) meint   h) mitteilen   i) erklärt   j) erzählt

k) berichtet   l) betont   m) behauptet   n) gemeint   o) mitgeteilt

C Wortbildung

1 Suffixe: -ung, -tion, -heit, -keit

Übung 1

a) die Forschung   b) die Wanderung   c) die Wohnung   d) die Begegnung

e) die Störung   f) die Untersuchung   g) die Einladung   h) die Erklärung

i) die Veröffentlichung   j) die Gründung

Übung 2

a) die Kombination   b) die Reaktion   c) die Reduktion   d) die Dokumentation

e) die Konversation   f) die Isolation   g) die Präsentation   h) die Reservation

i) die Identifikation   j) die Inspiration

Übung 3

a) die Klarheit   b) die Freiheit   c) die Wahrheit   d) die Kleinheit   e) die Gesundheit

Übung 4

a) die Möglichkeit   b) die Fähigkeit   c) die Wirklichkeit   d) die Schwierigkeit

e) die Wichtigkeit

Übung 5

a) Gesundheit, Gesundheit, gesund

b) dunkel, Dunkelheit

c) wandert, Wanderung

d) Reaktion, reagieren

e) fähig, Fähigkeit

f) Wohnungen, wohnen

g) präsentieren, Präsentation

h) möglich, Möglichkeit

2 Suffixe: -er, -ent

Übung 1

b) der Schreiber, - / die Schreiberin, -nen

c) der Spieler, - / die Spielerin, -nen

d) der Redner, - / die Rednerin, -nen

e) der Maler, - / die Malerin, -nen

f) der Schwimmer, - / die Schwimmerin, -nen

g) der Konkurrent, - en

die Konkurrentin, -nen

h) der Korrespondent, -en

die Korrespondentin, -nen

i) der Referent, -en,

die Referentin, -nen

j) der Abonnent, -en

die Abonnentin, -nen

k) der Lerner, - / die Lernerin, -nen

Übung 2

a) malt   b) schwimmt   c) läuft   d) schreibt   e) liest

f) träumt   g) spielt   h) tanzen   i) bäckt/backt

3 Präfix: un- (bei Adjektiven)

Übung 1

unbekannt, unordentlich, unfähig, unsicher, unhöflich, unruhig, unzufrieden, unpünktlich

Übung 2

a) missverstanden   b) genießbar   c) unwohl   d) interessant   e) inkorrekt

f) unglücklich   g) ungeduldig   h) unsorgfältig   i) ungeplant   j) zufrieden

4 Zusammensetzungen

Übung 1

a) das Zeitungspapier   b) der Autoschlüssel   c) die Tischlampe   d) die Kaffeetasse

e) die Sommerferien   f) die Zahnarztpraxis   g) die Handytasche   h) die Geburtstagsfeier

i) das Stadtzentrum   j) der Arbeitsplatz   k) der Zeitungsartikel

Übung 2

das Autohaus _a_

die Tanzparty _b_

der Rotwein _c_

die Sonnenblume _a_

das Kochbuch _b_

das Telefonbuch _a_

das Warmwasser _c_

der Schulbus _a_

das Blaukraut _c_

der Schlafanzug _b_

der Schokoladenkuchen _a_

die Großmutter _c_

Übung 3

a) die Tageszeitung: *die Zeitung des Tages*

b) der Schneeball: der Ball aus Schnee

c) die Sonnenbrille: die Brille gegen die Sonne / die Brille, die vor der Sonne schützt

d) der Kindergarten: der Garten für Kinder

e) die Geburtstagskarte: die Karte für den Geburtstag

f) das Schlafzimmer: das Zimmer zum Schlafen / das Zimmer, in dem man schläft

g) der Fahrradweg: der Weg für Fahrräder / der Weg, auf dem man Fahrrad fahren darf

h) die Geburtstagsfeier: die Feier zum Geburtstag

i) das Hochhaus: das hohe Haus

j) die Kurzgeschichte: die kurze Geschichte

k) die Weltmeisterschaft: die Meisterschaft der Welt

l) das Familienmitglied: das Mitglied der Familie

m) der Staatsbürger: der Bürger des Staates

n) der Autoreifen: der Reifen eines Autos

o) das Krankenhaus: das Haus, in dem Kranke behandelt werden

p) der Regenschirm: der Schirm, der vor dem Regen schützt

q) der Tennisplatz: der Platz, auf dem man Tennis spielt

r) die Schwimmhalle: die Halle, in der man schwimmen kann

s) das Fitnessstudio: das Studio, in dem man etwas für die Fitness tut / das Studio, in dem man regelmäßig Sport macht

Übung 4

a) die Gesellschaftsordnung b) die Eigentumswohnung c) der Veränderungsprozess

d) das Beziehungsproblem e) der Lösungsweg f) die Lieblingsbeschäftigung

g) das Lehrlingsheim h) der Zwillingsbruder i) das Freundschaftsverhältnis

j) die Mannschaftssportart k) die Zentrumsleitung l) der Produktionsplan

m) der Diskussionsabend n) die Funktionsstörung o) der Fähigkeitsausweis

p) die Wahrheitssuche q) die Persönlichkeitsentwicklung r) der Schönheitswettbewerb

s) die Aktivitätsanalyse t) die Universitätsausbildung u) der Verbindungspunkt

v) die Handlungsweise

5 Suffixe: -los, -voll, -arm, -reich

Übung 1

a) das Kleid ohne Farbe b) der Ausdruck ohne Freude c) die Weite ohne Grenze

d) die Art ohne Liebe e) der Mann ohne Kraft f) die App ohne Kosten

g) ein Leben ohne Sorgen h) das Design ohne Phantasie i) der Chef ohne Verständnis

Übung 2

a) der Vater mit viel Liebe b) die Erinnerung mit viel Schmerz / mit vielen Schmerzen

c) die Stille mit viel Frieden

d) der Umgang mit viel Respekt

e) der Sieg mit viel Ruhm

f) eine Geschichte mit viel Humor

g) einen Blick mit viel Bedeutung

h) ihre Haltung mit viel Hoffnung

i) der Lehrer mit viel Verständnis

Übung 3

a) wasserarme
b) nährstoffreiche
c) sauerstoffarmen
d) kalorienreiche

e) fettarme
f) waldreiche
g) ideenreiche
h) kinderreichen

i) kulturreiche
j) bevölkerungsarmen

6 jährlich oder -jährig

Übung 1

a) der Spaziergang, der fünfzehn Minuten dauert

b) die Steuer, die jeden Monat gezahlt wird

c) der Film, der zwei Stunden lang dauert

d) die Konferenz, die vier Tage dauert

e) die Pause, die jede Stunde gemacht wird

f) die Überprüfung, die jede Minute durchgeführt wird

g) das Meeting, das eine Stunde dauert

h) das Praktikum, das sechs Monate dauert

i) die Hausaufgabe, die man jeden Tag machen muss

j) die Stromrechnung, die jeden Monat bezahlt werden muss

k) der Plan, der für einen Zeitraum von fünf Jahren erstellt wird

l) die Geburtstagsfeier, die jedes Jahr stattfindet

m) die Fahrzeugüberprüfung, die alle zwei Jahre durchgeführt wird

n) die Werbung, die dreißig Sekunden dauert

o) die Untersuchung, die alle drei Monate durchgeführt wird

Übung 2

a) der 6-wöchige Kurs

b) die minütliche Überprüfung

c) die 30-minütige Sitzung

d) die 8-stündige Flugreise

e) die wöchentliche Wäsche

f) die tägliche Medikamenteneinnahme

g) die wöchentliche Einkaufsliste

h) die achtwöchige Schulung

i) die jährliche Urlaubszeit

j) das dreiminütige Lied

k) die dreimonatliche Kontrolle

l) der vierwöchentliche Bericht

m) die dreimonatliche Zahlung

n) der vierwöchige Workshop

o) die neunjährige Tochter

7 Präfixe: be-, ver-, zer-

Übung 1

a) Beim Überqueren der Straße sollte man immer den Verkehr beachten.

b) In meinem neuen Artikel beschreibe ich gerade die neuesten Entwicklungen in der Raumfahrt.

c) Meine Familie und ich bewohnen ein kleines Haus am Stadtrand.

d) Mein Bruder besorgt die Musik auf der Party.

e) Er öffnet die Tür und betritt das Zimmer.

f) Die hohe Arbeitslosigkeit belastet die Wirtschaft des Landes.

g) Sie haben ihre Pläne am Wochenende besprochen.

h) Sie hat die Einladung mit einer Zusage beantwortet.

Übung 2

a) Sie haben das Haus vergrößert, um mehr Platz für die Familie zu schaffen.

b) Sie haben das Bild verkleinert, um es per E-Mail zu verschicken.

c) Sie haben die Preise verbilligt, um mehr Kunden anzulocken.

d) Sie möchten ihren Urlaub verlängern, um noch ein paar Tage länger am Strand zu bleiben.

e) Sie hat das Zimmer mit Blumen verschönert.

f) Er hat die Wartezeit durch ein Gespräch verkürzt.

g) Er hat seine Meinung durch ein Beispiel verdeutlicht.

h) Sie hat ihre Sprachkenntnisse durch regelmäßiges Üben verbessert.

i) Er hat sein Wissen durch das Lesen vieler Bücher verbreitert.

Übung 3

a) 4   b) 3   c) 1   d) 2

Übung 4

a) zerschneiden   b) zerstörte   c) zerbrochen   d) zerriss

8   Präfixe: ein- und aus-

a) eingepackt   b) auspacken   c) einreisen   d) ausgereist

e) auszusteigen   f) einsteigen   g) eingeatmet, ausgeatmet   h) einziehen

i) ausziehen   j) ausfahren   k) einfahren   l) einbauen

m) ausbauen

9   Adjektivzusammensetzungen

a) uralt   b) urkomisch   c) urgemütlich   d) riesenstark

e) riesengroße   f) steinreich   g) steinhart   h) hochelegantes

i) hochbegabt   j) hochinteressant   k) tieftraurig   l) tiefgekränkt

m) tiefbeeindruckt   n) bildhübsch   o) bildschön   p) bitterkalt

q) bitterernster   r) bitterböse   s) todmüde   t) todlangweilig

u) todhungrig   v) todsicher